Einzelpreis RM 5.35 Vorzugspreis RM 4.—

ABHANDLUNGEN
AUS DEM GEBIETE DER
SEXUALFORSCHUNG

Herausgegeben im Auftrage der

Internationalen Gesellschaft für Sexualforschung von

Redigiert von Dr. MAX MARCUSE, Berlin

Band V Heft 4

Die eingebildete Schwangerschaft

Psychopathologisch und klinisch dargestellt

von

Dr. med. Johann Susmann Galant

Psychiater und Nervenarzt in Moskau

BERLIN UND KÖLN 1928

A. MARCUS & E. WEBER'S VERLAG

DIE EINGEBILDETE SCHWANGERSCHAFT

PSYCHOPATHOLOGISCH
UND KLINISCH DARGESTELLT

VON

DR. MED. JOHANN SUSMANN GALANT
PSYCHIATER UND NERVENARZT IN MOSKAU

A. MARCUS & E. WEBER'S VERLAG
BERLIN UND KÖLN
1928

Druck von Metzger & Wittig in Leipzig

Vorwort.

Es kommt uns in vorliegender Monographie darauf an, die „Eingebildete Schwangerschaft“ theoretisch und praktisch nach dem letzten Wort der Wissenschaft auf Grund eigener Erfahrungen und Überzeugungen darzustellen. Die Möglichkeit, von ihr ein mehr oder weniger abschließendes Bild zu geben, ist nach den letzten Arbeiten auf diesem Gebiete vorhanden, wenn auch vielerorts das Problem noch heiß umstritten wird. Wir vermeinen nicht, eine letztlich gültige, unantastbare Lösung solcher strittigen Fragen geben zu können. Gewiß werden viele Forscher, die auf diesem Gebiet gearbeitet haben oder sich dem Problem vielleicht von einem neuen Standpunkt nähern werden, an unseren Ausführungen manches auszusetzen haben. Sie werden aber unsere Arbeit als eine solche, die eine Epoche in der Forschung der „Eingebildeten Schwangerschaft“ abschließt und Ausblicke für künftige erfolgreichere Forschungen gibt, erkennen müssen. Eine derartige Arbeit kann nicht überflüssig sein. Wenn der Leser in vorliegender Abhandlung nur die Erfüllung dieser so gekennzeichneten Aufgabe erwartet, dann wird er, hoffen wir, nicht enttäuscht werden.

Moskau. Joh. Susmann Galant.

Inhaltsverzeichnis.

Einleitung.

Das Seelenleben der Frau steht in sehr engen Beziehungen zu ihrem Geschlechtsleben und man kann, ohne einen großen Fehler zu begehen, sagen, daß alles, was die Frau erlebt, irgendwie in ihrer Geschlechtssphäre verankert sei. Spielt schon bei Kindern, die Fourier (zitiert nach P.-J. Proudhon, La pornocratie ou les femmes dans les temps modernes, Paris, Lacroix & Co. editeurs 1875) als das „neutrale Geschlecht" (sexe neutre) bezeichnen möchte, das sexuelle Leben, wie die neueren psychologischen und psychopathologischen Forschungen erwiesen haben, bei beiden Geschlechtern eine erhebliche Rolle, so gewinnt es doch bei dem kleinen Mädchen eine umfassendere und charakteristischere Bedeutung. So ist das Kind weiblichen Geschlechts, das mehrere Puppen hat, ganz wie eine Mutter, die ihre Kinder mit nachahmenswerter Mutterliebe und mit seltener Hingebung und Sorge pflegt, nährt, unterrichtet usw. Das Muttergefühl oder noch besser: die Mütterlichkeit ist bei weiblichen Kindern oftmals so weit entwickelt, daß ihr ganzes psychisches Leben in deren Zeichen steht und sie die echte Mutter nicht nur „spielen", sondern Tag für Tag in den gewöhnlichen Lebensverhältnissen direkt erleben.

Um so weniger kann die normale erwachsene Frau auf Kindersegen verzichten. Die psychisch gesunde Frau hat von Zeit zu Zeit ein tiefes Bedürfnis, ihre Muttergefühle an einem eigenen Kinde auszuüben. Besonders ist es die verheiratete Frau, die schwer eine absolute Unfruchtbarkeit erträgt. Abgesehen davon, daß eine Frau, die keine Kinder gebären kann, sich für minderwertig ansehen muß und so ein schweres psychisches Trauma erlebt, ist es seelisch für sie schwer tragbar, die sich von Zeit zu Zeit aufdrängenden Gefühle der mütterlichen Zärtlichkeit, Liebe und Hingebung nicht an ein eigenes Kind weitergeben zu können. Ihre Sehnsucht nach einem Kinde (oder nach einem neuen Kinde) kommt nicht zur Ruhe. So träumt die unfruchtbare Frau von einem Kinde, das sie dennoch gebären wird, bis sie schließlich einmal das Kind im Mutterleibe erträumt und damit fängt jenes Krankheitsbild an, das als „eingebildete Schwangerschaft", „grossesse nerveuse", „spurious pregnancy" in der medizinischen Weltliteratur bekannt ist.[1])

---

[1]) Die eingebildete Gravidität ist annähernd der einzige Fall in der Psychopathologie, bei dem man von krankhafter Einbildung spricht (übrigens werden in den allermeisten Lehrbüchern der Psychopathologie, selbst in dem weit verbreiteten und allgemein anerkannten Buch von K. Jaspers die Tatsachen der eingebildeten Gravidität gar nicht erwähnt und Einbildung und Einbildungskraft als eine besondere Seelenfunktion nicht besprochen).

A. Allgemeine Psychopathologie der eingebildeten Schwangerschaft.

1. Wahn und Einbildung.

Wir erinnern uns an eine Geisteskranke, die auf das Vorhalten des Arztes, die von ihr geäußerten Wahnideen seien bloße Einbildung, antwortete: „Wäre es nur Einbildung, so könnte ich es auch ‚ausbilden'", wobei das Wort „ausbilden" dem Worte „Einbildung" in dem Sinne entgegengehalten wurde, daß etwas Eingebildetes leicht zu überwinden sei, leicht als eine Täuschung entlarvt und korrigiert, „ausgebildet" werden könne. Das nun aber ist gerade das Merkmal einer krankhaften Einbildung (Wahnidee), daß sie nicht ohne weiteres korrigierbar ist. Die normalpsychologische Einbildung bleibt in der Regel auch ohne Einfluß auf den Ablauf der psychischen und somatischen Funktionen und kann wirklich mehr oder weniger leicht „ausgebildet", d. h. abgebaut werden, sobald sie in Konflikt mit der Welt der wirklichen Erscheinungen zu kommen droht. Hier liegt also keine Fixierung an den Inhalt der eingebildeten Idee vor und die Einbildung verhindert im Gegensatz zur Wahnidee die vernünftige Auffassung von Welt, Menschen und den Lebensverhältnissen durchaus nicht.

Wir sprechen gewöhnlich von der Einbildungskraft eines Individuums als von einer Eigenschaft, die geeignet ist, das Seelenleben zu bereichern, zu verschönern, allseitig zu fördern und nicht etwa zu verstümmeln, wie es bei der Wahnidee der Fall ist. Der Wahn bildet für den Menschen ein Hindernis, das Leben so aufzufassen, wie es wirklich ist, führt ihn zu falschen Deutungen der Vorgänge rings umher und dadurch, daß er auf sich die ganze Aufmerksamkeit seines Trägers zu konzentrieren pflegt, hindert er ihn meist, sich mit etwas anderem als mit den Wahnideen zu beschäftigen, lähmt ihn in seiner Betätigung, schränkt seinen geistigen Horizont und alle seine geistigen Funktionen bedeutend ein und verwandelt schließlich den Menschen in einen geistigen Krüppel. Nicht so die Einbildungskraft. Wir brauchen das Vermögen der Einbildung überall dort, wo wir schwer auf den Grund der Erscheinungen kommen und wir unsere „Phantasie" zu Hilfe rufen müssen, damit sie uns Bilder zeichnet, die wir als eine mögliche Realität zulassen können. Wir bedienen uns selbst in der Wissenschaft der „Einbildung", um auf den Grund schwer verständlicher Erscheinungen zu kommen, indem wir „Hypothesen" aufstellen und verlassen und neu errichten, wie es z. B. beim Studium des Werdens der Organismen, in der Ontogenese und Phylogenese, in der Atomlehre, den Kosmogonien usw. der Fall ist. Sobald wir merken, daß die Tatsachen mit den Bildern unserer Einbildung nicht übereinstimmen können, verwerfen wir unsere Einbildungsbilder als irrig.

So ist es begreiflich, daß wir in den Lehrbüchern der Psychopathologie so wenig über die Einbildung zu lesen bekommen, denn sie spielt bei der Genese der krankhaften Symptome psychischer Erkrankungen kaum eine ernste Rolle. Illusionen, Halluzinationen, Wahnideen bedienen sich der Einbildungskraft in kaum nennenswerter Weise, da für ihre Ausbildung ganz andere, spezifisch wirkende Seelenmechanismen in Betracht kommen. Nur selten erkrankt die Funktion der Einbildung selbst, und zwar in der Form einer besonderen Neigung zum Phantasieren. einer Verliebtheit in Phantasiegestalten und einer krankhaften Schwärmerei für Phantasiebilder bei Vernachlässigung der Realitätswerte.[1])

Die eingebildete Schwangerschaft ist ein pathologisches Phänomen. Freilich, wie wir später sehen werden, nicht immer. Wo sie aber einen ausgeprägten pathologischen Charakter trägt, muß man sie von verwandten Erscheinungen, wie Wahnideen, hysterischen Ideen, Paranoia usw. unterscheiden lernen. Die eingebildete Schwangerschaft ist nur dann „eingebildete Schwangerschaft" schlechthin, wenn sie ohne ernste psychische Störungen verläuft und die Kranke aus ihrem somatisch-psychischen Gleichgewicht nicht hinausschleudert. Zwar ist es wahr, daß die eingebildete Schwangerschaft die Patientin sich so verhalten läßt, als ob sie wirklich schwanger wäre und nach Art einer wirklich Schwangeren ihre Lebensverhältnisse neu gestaltet. Da aber die Schwangerschaft ein physiologischer Vorgang ist und die eingebildete Schwangerschaft die echte normale Schwangerschaft nachahmt, so kommt es auch zu keinen nennenswerten Störungen, und die eingebildete Schwangerschaft nimmt ihren ruhigen Verlauf, bis das vernünftige überzeugende Wort des Arztes die Entbindung von der Einbildung einleitet und glücklich vollendet.

Gewinnt aber die Einbildung der Gravidität ausgeprägte Züge einer Wahnidee oder nimmt sie einen mehr hysterischen Einschlag an oder läuft sie unter dem Bilde einer Paranoia ab, so handelt es sich eben um die „eingebildete Schwangerschaft" im engeren, d. h. schwer pathologischen Sinn.

2. Wodurch sich die gesunde und kranke Einbildung voneinander unterscheiden.

Was Bleuler „autistisches Denken" nennt[2]), wollen wir hier fortan als Einbildungsdiathese bezeichnen, hauptsächlich um dem Mißverständnisse, es handele sich beim „autistischen Denken" um echtes Denken, aus dem Wege zu gehen. Es ist eben gar kein „Denken", was die von Bleuler gemeinte Entfremdung gegenüber der Realität bewirkt, sondern die Phantasie, die „Einbildungsdiathese". Diese braucht noch immer nicht pathologisch zu sein und kommt so z. B. bei Dichtern, Künstlern und selbst bei manchen Wissenschaftlern[3]) vor, indem sie nicht einen psychischen Dauerzustand des Alltags-

---

[1]) Vielleicht spielt beim autistischen Denken der Schizophrenen eine Lockerung der Funktion der Einbildungskraft eine Rolle, dann allerdings wäre die Erkrankung der Einbildungsfunktion eine nicht so seltene Erscheinung.

[2]) Bleuler, Das autistisch-undisziplinierte Denken in der Medizin und seine Überwindung. 3. Aufl. Berlin, Springer, 1922.

[3]) Es ist interessant hier zu vermerken, was der berühmte, unlängst verstorbene Berliner Anatom, Wilhelm Waldeyer, über die Rolle der Phantasie in der Wissenschaft sagt: „Ohne den Schimmer der Poesie gedeiht eben auch die Wissenschaft nicht, es erlahmen ihre Flügel, wenn ihr ständig die Bleigewichte der Kritik angehängt werden."

lebens, sondern einen Ausnahmezustand darstellt. Die Einbildungserlebnisse werden bei den Künstlern nicht Bestandteil der Persönlichkeit, sondern im Kunstwerk objektiviert; von der Persönlichkeit ganz getrennt werden sie im Kunstwerk verkörpert und der Schatzkammer der menschlichen Kulturgüter übergeben. Die Einbildung der Wissenschaftler, Künstler usw. ist nicht Selbstzweck, sondern schöpferisches Mittel zum künstlerischen oder wissenschaftlichen Ziel. Ist aber die Einbildungskraft krankhaft entartet, so wird die Einbildung Selbstzweck, verquickt sich mit dem Alltagsleben der Persönlichkeit, entreißt das Individuum der Wirklichkeit und ersetzt diese zum erheblichen Teil. Wir haben es dann mit der typischen krankhaften Einbildungsdiathese zu tun.

Sehr oft führen die Unzufriedenheit mit der nüchternen Wirklichkeit, die Unmöglichkeit, sich mit seinem Schicksal zu versöhnen, die Sehnsucht nach idealen Zuständen, das Individuum zur Einbildungsdiathese hin. Dabei macht die Autosuggestion dem Kranken möglich, sich der Illusion zu ergeben, es gehe alles nach seinem Wunsche, nach den von ihm in seiner Phantasie gemalten Bildern. Die Autosuggestion ist die kardinale Eigenschaft, durch die sich die krankhafte Einbildung von der gesunden Einbildung einerseits und von dem eigentlichen Wahn andererseits unterscheidet. Der eigentliche Wahn wird unmittelbar erlebt, er ist persönliche Überzeugung, innere Wahrheit, an der nicht gerüttelt werden darf. Der Wahn geht auf keine Konzession ein und ist absolut starr. Die krankhafte Einbildung hingegen ist Autosuggestion; sie schwankt leicht, unterliegt verschiedenen Beeinflussungen, wechselt leicht ihren Inhalt, hat auch kein unüberwindliches Streben nach Aktivität, wie der Wahn. Die krankhafte Einbildung ist passiv, der Wahn hingegen aktiv. Die krankhafte Einbildung ist äußerst flexibel, grazil, poetisch und, wenn die Autosuggestion nicht zu stark ausgebildet ist, sogar anziehend; der Wahn bleibt immer apodiktisch, dogmatisch, tritt autoritativ auf, ist aufdringlich, läßt keine andere Wahrheit neben sich bestehen und ist wegen aller dieser Eigenschaften abstoßend.

3. Eingebildete Ideen und hysterische Ideen.

Es bleibt uns noch übrig, nachdem wir die krankhafte Einbildung von der gesunden Einbildung und von den Wahnideen zu unterscheiden gelernt haben, die eingebildeten Ideen den hysterischen gegenüber abzugrenzen.

Der Begriff der hysterischen Idee, den wir vor nicht langer Zeit in die psychiatrische Literatur eingeführt haben[1]), dehnt sich auf jene Ideen aus, die nicht nur den subjektiven Charakter der Realität haben, sondern eine objektive Realität vortäuschen und zwar in so gelungener Weise, daß selbst der Kundige die Realität der hysterischen Idee zuläßt und einem schweren Irrtum zum Opfer fällt. Gerade bei der eingebildeten Schwangerschaft sind solche schweren Irrtümer vorgekommen, wie uns

---

[1]) Galant, Über hysterische Ideen. Psychiatrisch-neurologische Wochenschrift, 1924.

folgender Fall, den Karl Ludwig Schleich in seinem Buche „Vom Schaltwerk der Gedanken“ auf S. 257 anführt, belehrt.

„Bei einem mir bekannten Gynäkologen wurde während meiner Anwesenheit ein 17jähriges Mädchen in eine Anstalt gebracht, welches behauptete, guter Hoffnung zu sein. Von wem, wollte es nicht sagen. Obwohl das unentwickelte Kind virgo intacta war, sollte die Möglichkeit einer Schwangerschaft wegen des schweren seelischen Leids der Kleinen nicht ganz von der Hand gewiesen werden. Und siehe da! Im dritten Monat war wirklich Gravidität zu konstatieren. Im fünften fühlten wir unter wachsender Gebärmuttervergrößerung kleine Teile, hörten die Herztöne des Kindes, wie stets in der Schwangerschaft, abweichend vom Puls der jungen Mutter. Im sechsten Monat subjektive Bewegungsstöße des Kindes, im neunten normaler Stand der Gebärmutter. Wir glaubten Schädellage feststellen zu können. Im zehnten, im elften Stillstand, aber keine Geburt. Im zwölften Erklärung des Professors: „Meine Herren, wir müssen uns geirrt haben, es ist keine Schwangerschaft, sondern eine Geschwulst. Operieren wir also.“ Der Leib wurde geöffnet und es ergab sich — nichts. Normale Gebärmutter, normale Eingeweide, kein Geschwulst im Leibe. „Also Hysterie!“ sagte kopfschüttelnd der Professor.“

Wir lassen diesen Fall als Hysterie gelten, obwohl es sich, wie es scheint, um eine echte eingebildete Schwangerschaft handelt, die nur soweit ungewöhnlich ist, als die erfahrenen Ärzte sich von einem 17jährigen Mädchen an der Nase führen ließen und eine „Hysterie“ erst nach einer Laparotomie, die einen normalen Situs abdominis und normale Geschlechtsorgane ergab, zu diagnostizieren vermochten. Da außer der eingebildeten Schwangerschaft das Mädchen nichts Hysterisches aufwies, da man ja sonst schon vor der Laparotomie hätte „Hysterie“ diagnostizieren können, wüßten wir nicht recht, warum im gegebenen Falle Hysterie und nicht eine eingebildete Schwangerschaft schlechthin vorgelegen haben soll. Aber da wir die Antezendenzien des Falles nicht kennen, nicht wissen, welche Momente in diesem Falle für das Auftreten der Einbildung in Frage kommen, und der Fall auch sonst etwas unklar ist, lassen wir es mit dem Professor bei der Hysterie bewenden, besonders auch, weil die Objektivierung der Schwangerschaftssymptome so geschehen ist, wie es in einem gewöhnlichen Falle der eingebildeten Schwangerschaft nicht vorzukommen pflegt.

Sonst aber ist von hysterischer Schwangerschaft zu sprechen nur dann erlaubt, wenn noch andere Symptome der Hysterie vorhanden sind. Die eingebildete Idee der Schwangerschaft ähnelt ihr durch ihr Vermögen, die objektiven Zeichen der Schwangerschaft zu provozieren, so sehr, daß, da eine Verwechslung mit der hysterischen Idee, für die allein das objektive Realisieren des Wahnes charakteristisch ist, leicht zustande kommen kann. Daß aber die gewöhnliche eingebildete Schwangerschaft und die eigentliche Hysterie miteinander nichts zu tun haben, dürfte nach all dem, was wir von Einbildung und eingebildeter Schwangerschaft wissen, klar sein.

4. Allgemeine Symptomatologie der eingebildeten Schwangerschaft.

Die eingebildete Schwangerschaft werden wir, wie aus den vorausgehenden Kapiteln zu entnehmen ist, immer als ein psychisch bedingtes Leiden ansehen müssen, und die so vielen somatischen Symptome, die bei der eingebildeten Schwangerschaft vorkommen, werden wir alle als psychogen zu betrachten haben. Körperliche Symptome, die ganz unabhängig von der psychischen Grundlage bei der eingebildeten Gravidität bestehen sollen, gibt es so gut wie gar nicht[1]), abgesehen natürlich von den zufälligen Komplikationen, die bei der eingebildeten Schwangerschaft auftreten können und mit ihr unmittelbar nichts zu tun haben.

Dadurch unterscheidet sich die eingebildete Schwangerschaft scharf von vielen anderen Psychosen. Unterscheiden wir bei den Psychosen zwischen somatischen Symptomen einerseits und psychischen Symptomen andererseits und legen wir dabei das Hauptgewicht auf die somatischen Symptome als die maßgebenden, da die psychischen Symptome für sehr viele Psychosen nicht spezifisch sind und bei den verschiedensten Krankheiten in gleicher Weise vorkommen können, so stehen bei der eingebildeten Schwangerschaft alle somatischen Symptome unter der direkten Wirkung der Psyche, die allein sie auslöst, und zwar so, daß die psychischen Momente die somatischen Symptome nicht neu schaffen, sondern die Symptome entstehen durch die psychische Stimulierung oder Unterdrückung von Organfunktionen, die sonst ganz unabhängig von psychischen Einflüssen vor sich gehen, korrelativ reguliert werden und in ihrer Wirkung unbemerkt bleiben. Durch eine Störung der korrelativen Beziehungen der Organfunktionen (gewöhnlich handelt es sich bei der eingebildeten Gravidität um die Funktionen der inkretorischen Drüsen), die durch die Psyche bedingt ist, entstehen sämtliche somatischen Symptome der eingebildeten Gravidität. Bei der progressiven Paralyse hingegen, bei der Dementia praecox und andere Psychosen entstehen die für sie charakteristischen somatischen Symptome unabhängig von psychischen Wirkungen und sind differentialdiagnostisch sehr wichtig, ja manchmal allein entscheidend.

Bei der eingebildeten Gravidität sind es Störungen der Funktionen der inkretorischen Drüsen, die auch bei der echten Schwangerschaft nicht fehlen, die die meisten Symptome produzieren. Selbst Physiognomie und Habitus werden dabei nicht verschont. Hypophyse, Thyreoidea und Nebenniere kommen dabei besonders in Betracht. Ihre Wirkung wird aus der Besprechung der einzelnen Symptome der eingebildeten Schwangerschaft selbst hervorgehen.

a) Physiognomie und Habitus.

Physiognomie und Habitus spielen bei der Diagnose von Krankheiten eine wichtige Rolle. So treten in manchen Fällen von eingebildeter Schwangerschaft z. B. solche Änderungen auf, die es erlauben, von einer Facies acromegalica bei graviditas spuria zu sprechen. Redlich, Marek, Falta, Hofstätter führen Fälle von eingebildeter Gravidität an, wo sich die Gesichtszüge verändern und sich dem akromegalischen Typus nähern: Nase, Zunge, Kiefer werden größer, und die Zähne rücken auseinander. Dabei wurde noch Vergrößerung der Hände, Zehen und Tonsillen beobachtet, auch traten Glykosurie, Mattigkeit, Schlaflosigkeit und ziehende Muskelschmerzen auf. Alle Symptome treten gewöhnlich später zurück, wie es auch in einem Falle von Hofstätter war, dem wir die typische Beschreibung einer Facies acromegalica entnehmen.

---

[1]) An Ausnahmen aus dieser Regel fehlt es nicht. Etwaige Symptome der eingebildeten Gravidität im Anschluß an genitale Erschöpfung z. B. sind rein somatisch.

Die Pat. hatte „verhältnismäßig große, plumpe, fast ödematöse feuchte Hände. Geringer Tremor derselben. Füße von den Knöcheln abwärts leicht ödematös, sonst proportioniert. Starke vasomotorische Erregbarkeit. Deutliche Struma, Dermographismus. Herz und Lungen gesund. Striae am Bauche und an den Oberschenkeln. Starke Pigmentierung der Linea alba. Zwerchfellhochstand. Starke Fettsucht und Meteorismus. Typisches Chloasma an der feuchten Stirn, schmetterlingsförmig an der Nase und um den Mund. Die Nase ist sehr plump und prominent. Das Kinn ist dick und stark vorspringend. Die Zunge ist dick und schwer. Halonierte, feuchte und glänzende Augen. Die Veränderungen am Gesichtsschädel, an den Händen und am Bauche sollen erst seit Beginn der Schwangerschaft allmählich entstanden sein. Die Brüste waren bedeutend gewachsen, aber nicht wie bei einer Gravidität, parenchymreich und leicht hängend, sondern auffallend prall wegstehend, sehr fettreich, gleichsam erigiert. Die Warzenhöfe pigmentreicher als dies sonst bei der blonden Frau zu erwarten war. Auf Druck entleerte sich reichlich wässerige, leicht getrübte Flüssigkeit, die leider mikroskopisch nicht untersucht wurde. Der Harn frei von Eiweiß und Zucker. Die Harnmengen nach Angabe der Pat. seit einigen Monaten größer als sonst."

Als es später gelang, die Kranke von dem Fehlen einer Schwangerschaft zu überzeugen und sämtliche Symptome der eingebildeten Gravidität zu schwinden begonnen hatten, sind auch die akromegaliformen Veränderungen des Gesichts schließlich zurückgetreten. Doch teilt Falta Fälle mit, wo bei wiederholten Schwangerschaften die Akromegalieanfälle chronischen Charakter annahmen, sich stabilisierten und über 20 Jahre bestanden haben.

Wie es scheint, handelt es sich bei der Facies acromegalica um eine akromegalische Disposition, die sich in der Schwangerschaft bzw. eingebildeten Schwangerschaft bei einer zunehmenden Dysfunktion der Blutdrüsen bemerkbar macht. Es dürften dabei auch Veränderungen an der Hypophysis cerebri zu finden sein. Doch ist darüber nicht viel bekannt. Uns selbst sind Fälle von eingebildeter Schwangerschaft mit akromegalischen Symptomen bzw. mit Facies acromegalica nicht begegnet.

Neben der Physiognomie ist es der allgemeine Habitus der Scheinschwangeren, der sich in dem Sinne einer echten Schwangerschaft ändert. Das allgemeine Aussehen der Kranken, das Allgemeinbefinden, die Körperhaltungen, der Gang — alles erinnert an eine wirklich schwangere Frau.

b) Die Pigmentierungen.

Fast bei keinem Falle von eingebildeter Schwangerschaft fehlen die Pigmentierungen ganz. Auch diese stehen wahrscheinlich in Zusammenhang mit der Dysfunktion der Blutdrüsen, nämlich mit der Hyperfunktion der Nebennieren, die außer den Pigmentierungen noch Ptyalismus, Verstopfung, Gefühl der Schwere im Leib, Kreuzschmerzen und manche andere Symptome hervorrufen sollen.

Neben der Hyperfunktion der Nebenniere ist es die mangelhafte und fehlende Ovarialtätigkeit, wie sie bei der Gravidität, nach Kastrationen, im Klimakterium, beim Morbus Basedowii usw. vorkommt, die abnorme Pigmentierungen und Pigmentwanderungen bedingt. Auch Hypothyreoidismus wirkt in dieser Richtung. Doch sind es hauptsächlich die Nebennieren, die bei der Pigmentwirtschaft im Organismus die führende Rolle übernehmen. Die refraktometrischen Untersuchungen von Friedrich Fischl über das Abbauvermögen des Serums Gravider mit Chloasma uterinum gegenüber Nebenniere sprechen auch dafür.

Fischl stellte seine Versuche mit der Methode Pregl-de Crinis, die darin besteht, den Brechungsindex von Seren, die Organweiß zwecks Abbaues hinzugesetzt bekommen, zu bestimmen und mit dem Brechungsindex von Seren, die kein solches Organweiß enthalten, zu vergleichen, an. Die Experimente Fischls dehnten sich auf 24 Schwangere mit Chloasma, 20 Schwangere ohne Chloasma und 16 Nichtschwangere. Das Resultat war, daß das Serum der Schwangeren mit Chloasma uterinum ein gesteigertes Abbauvermögen der Nebenniere gegenüber (0,65—0,9 gegen 0,02—0,2) aufwies. Demnach steht es fest, daß das Chloasma uterinum mit innersekretorischen Einflüssen der Nebennieren in Zusammenhang steht.

Weiterhin glaubt man, daß das Adrenalin unter Mitwirkung des Nervus sympathicus in der Haut durch Oxydation zur Bildung von Pigment führe. Im allgemeinen ist man aber mehr geneigt, der Dysfunktion der Keimdrüsen bei Pigmentanhäufungen im Organismus eine große Verantwortlichkeit zuzuschieben:

„Eine chloasmaähnliche, gelbbräunliche, scharf begrenzte und meist symmetrische Pigmentierung an der Oberlippe, an den Wangen und an den seitlichen Stirnpartien verrät gelegentlich die dysgenitale Konstitution eines Individuums. Man findet sie namentlich in endemischen Kropfgegenden häufig (hiervon zu unterscheiden sind die unter dem Einfluß tuberkulöser Intoxikation konditionell entstehenden Pigmentierungen) (J. Bauer)."

Zu der starken Pigmentierung der Linea alba bei der Graviditas spuria wäre zu bemerken, daß eine solche Pigmentierung auch bei malignen Genitaltumoren, bei juvenilen, tuberkulösen Kranken und in anderen Fällen anzutreffen sei, wobei manchmal noch eine Hypertrichosis der Linea alba hinzukommt. Pohl beobachtete diese letztere außer bei Gravidität bei 5—6monatlichen Mädchen, die an einer akuten Enteritis litten und bei Männern in den 30er Jahren, die ebenfalls dieses Leiden hatten. Vielleicht wäre die Pigmentierung in solchen Fällen auf Intoxikation, wie bei der Tuberkulose, zurückzuführen, die Behaarung jedoch auf die Neigung pigmentreicher Stellen, sich mit Haaren zu decken, wie man es z. B. bei Naevi pigmentosi beobachtet. Die Pigmentierung der Linea alba bei Gravidität aber dürfte auf die Hypofunktion der Ovarien und die Hyperfunktion der Nebennieren, wie alle anderen Pigmentierungen, zurückgeführt werden. Bei der Graviditas spuria wäre eine Hemmung der Ovarialfunktion und eine Förderung der Nebennierenfunktion von der Psyche aus anzunehmen, und die Pigmentierungen hätten auf diese Weise ihre psychogene Erklärung erhalten.

c) Die Kolostrumabsonderung.

Dies Symptom der eingebildeten Schwangerschaft fällt am wenigsten auf, da es relativ häufig auch außerhalb der Schwangerschaft vorkommt und im allgemeinen leicht erklärlich ist. Man beobachtete Kolostrumabsonderung bei vielen Erkrankungen und Funktionsstörungen der Keimdrüsen und selbst bei der einfachen Amenorrhöe. Wie es scheint, sezernieren die Frauen unter gewissen Umständen ihr Brustdrüsensekret so leicht, wie das Sekret der Glandula lacrimalis. Paul Cohn glaubt, daß die eine Vorstellung des Saugens und Säugens bei schwangeren Frauen (und somit auch bei Scheingraviden) die Sekretion der

Milchdrüsen hervorruft, so wie die bloße Vorstellung schmackhafter Speisen den Speichel im Mund zusammenfließen läßt. Bei der eingebildeten Schwangerschaft käme noch die starke affektive Verfassung der Scheingraviden in Betracht. Wie bekannt, wirken Affekte stark fördernd auf die Sekretion der verschiedensten exkretorischen und inkretorischen Drüsen. Bei der Scheingraviden sind die Affekte, soweit sie mit dem Schwangerschaftskomplex in Verbindung stehen, krankhaft gesteigert. Es wird uns darum am wenigsten wundern, daß bei Scheingraviden Kolostrumabsonderung zustande kommt, sondern eher jener Umstand, daß es Scheingravidität gibt, wo kein Kolostrum abgesondert wird.

d) Nausea und Erbrechen.

Viel seltener als die anderen Symptome kommt bei der eingebildeten Schwangerschaft Nausea und Erbrechen vor. Das Symptom des Erbrechens verdient in der Geburtshilfe wegen des schwer pathologischen Einschlags, den es als Hyperemesis gravidarum gewinnen kann, besondere Beachtung, und so wollen wir hier auf das Symptom des Erbrechens näher eingehen, um so mehr, als es zugleich ein interessantes neuropathologisches und psychopathologisches Problem ist.

Das Erbrechen, oder, wissenschaftlich gesprochen, den Brechreflex der Schwangeren, bringt man gewöhnlich in Zusammenhang mit Reizen, die von dem schwangeren Uterus ausgehen und das Brechzentrum (?) erregen. Welcher Art diese Reize seien, ist mit Bestimmtheit nicht bekannt, und es gibt darüber verschiedene Meinungen. Joulin glaubte, das Erbrechen der Schwangeren komme davon her, daß Uterus und Peritonealüberzug bei der Schwangerschaft nicht proportional wachsen, und so entsteht ein beständiger Reiz, der das Erbrechen hervorruft. Turner hingegen war der Meinung, daß der Druck der wachsenden Gebärmutter auf die Gefäße die Ursache des Vomitus gravidarum sei, und Holladay beschuldigte das Weiterwachsen des Corpus luteum, das gewöhnlich bis in den vierten Schwangerschaftsmonat anhält, die Verantwortlichkeit für das Erbrechen zu tragen.

Die Ansichten der neuen Autoren (Geburtshelfer und Gynäkologen) über die Ursachen des Erbrechens der Schwangeren weichen nicht viel ab von den oben angeführten Ansichten der Autoren des vergangenen Jahrhunderts. Auch in der Neuzeit werden Reizungen des Peritoneums, die durch das Wachsen des Uterus bedingt werden, sowie Einschwemmung blutfremden Eiweißes aus den Trophoblasten („Uterusstoffe" der alten Autoren) für den Vomitus gravidarum verantwortlich gemacht. In einem der neuesten Lehrbücher der Geburtshilfe, Jaschke-Pankow, lesen wir im Kapitel „Physiologie der Schwangerschaft" auf S. 72 über das Entstehen des Erbrechens der Schwangeren wie folgt:

„Ausgelöst wird es (sc. das Erbrechen der Schwangeren) höchstwahrscheinlich durch reflektorische Reizung der Magennerven seitens des seinen Peritonealüberzug dehnenden wachsenden Uterus. Damit stimmt der gewöhnliche Beginn des Erbrechens um die 10. Schwangerschaftswoche überein, während das Erlöschen im 4.—5. Monat auf eine Gewöhnung an die nervösen Reize zurückgeführt werden kann. Daneben mag wohl auch schon in diesen physiologischen Fällen die Einschwemmung blutfremden Eiweißes aus den Trophoblasten und eine im Beginn nicht ganz ausreichende Bildung von Abwehrfermenten eine gewisse Rolle spielen. Jedenfalls sind die Grenzen gegen das pathologisch gesteigerte Erbrechen fließende. Gar nicht zu unterschätzen ist der Einfluß psychisch-nervöser Momente. In diesem Sinne spricht das seltene Auftreten des Erbrechens bei völlig Nervengesunden im psychischen Gleichgewichte befindlichen Frauen, wie bei solchen Erstgeschwängerten, denen nicht durch erfahrene Freundinnen, Mütter usw. das Erbrechen als naturgesetzliche Begleiterscheinung der Gravidität prophezeit wurde.

In manchen Fällen ist das Erbrechen nur Ausdruck eines chronischen Magenkatarrhs, andererseits begünstigt durch eine bei Schwangeren öfters zu beobachtende Hypochlorhydrie (E. Kehrer) bei vermehrter Schleimproduktion (Borodenko)."

Von dem modernen Standpunkt der Reflexologie betrachtet, scheint das Erbrechen der Schwangeren Folge einer Reizung des sympathischen Nervensystems zu sein, was nach den grundlegenden Untersuchungen von Ph. Klee nicht schwer fallen dürfte, als eine absolute wissenschaftliche Wahrheit anzuerkennen.

Klee stellte Experimente mit großhirnlosen Katzen an, dabei konstatierte er, daß die Reizung des nicht durchschnittenen Vagus am Halse der großhirnlosen Katze ein typisches Erbrechen hervorruft. Der Akt des Erbrechens, der durch die Erregung der zentripetalen Vagusfasern provoziert wurde, setzte sich aus vier nacheinander ablaufenden Stadien zusammen: 1. Pylorusschluß; 2. Hemmung der Peristaltik; 3. Kontraktion des präpylorischen Teiles und Fundusfüllung; 4. Kardiaöffnung und Ösophagusfüllung.

Modifikationen dieses ursprünglichen Experiments bewiesen die Notwendigkeit eines unversehrten Splanchnikus für das Zustandekommen eines vom Vagus aus ausgelösten Brechreflexes, sowie eines funktionsfähigen Halsmarkes. Bei Durchschneidung des Splanchnikus oder bei Schädigung des Halsmarkes war der Brechreflex vom Vagus aus nicht auszulösen. Unter solchen Umständen brachte die Reizung des Vagus am Halse zu einer Entleerung des Mageninhaltes nach dem Darm zu. Die Durchschneidung des Phrenikus beeinträchtigte die genügende Speiseröhrenfüllung und das Erbrechen. Der reflektorische Pylorusschluß, der, vom Vagus ausgelöst, durch die Splanchnikusbahn verläuft, ist Vorbedingung für den regelrechten Ablauf des Erbrechens. Die Kardiaöffnung hingegen ist abhängig von der Unversehrtheit der Vagusbahn.

Wir sehen also, daß das Erbrechen sich ganz und gar in der Macht des sympathischen und parasympathischen Nervensystems befindet. Es ist darum kaum zu bezweifeln, daß das Erbrechen der Schwangeren durch einen von den Geschlechtsorganen ausgehenden Reiz auf das sympathische Nervensystem zustande kommt. Es wäre nur zu entscheiden, ob dieser Reiz ein einfacher mechanischer Druck des wachsenden Uterus auf das sympathische Nervensystem sei, oder es handelt sich vielleicht um biochemische Reize, die auf das vegetative Nervensystem so wirken, daß es zum Brechreflex kommt.

Die Tatsache, daß das Erbrechen der Schwangeren, solange es sich nicht um eine schwere pathologische Hyperemesis gravidarum handelt, ein Vomitus matutinus ist, könnte dafür sprechen, daß eine lokale Wirkung des schwangeren Uterus (Druck) auf die sympathischen Nerven der Bauchhöhle (eigentlich des Beckens) die Ursache des Erbrechens sei. Morgens dürfte sich die Druckwirkung des Uterus auf die sympathischen Nerven infolge einer vollen Blase und eines gefüllten Rektums besonders bemerkbar machen. Bei der eingebildeten Gravidität fällt aber diese Möglichkeit ganz weg, da hier der Uterus nicht nur nicht wächst, sondern in vielen Fällen kleiner als gewöhnlich ist. Da werden wir das Erbrechen auf eine Funktionsstörung der Blutdrüsen, speziell der Ovarien, der Hypophyse, der Nebenniere und der Thyreoidea zurückführen müssen. Wir werden uns vorstellen müssen, daß diese Drüsen Stoffe an das Blut abgeben, die auf dem Wege der Blutzirkulation in Berührung mit dem vegetativen Nervensystem kommen und Erbrechen bewirken. Wir hätten es, wie Hofbauer sich ausdrückt, mit einer vegetativen Neurose zu tun. Dagegen ist nicht viel einzuwenden. Wir möchten nur anmerken, daß man bei dem Erbrechen der Schwangeren und Scheingraviden vielleicht auch von einer vegetativen Reflexneurose sprechen könnte.

e) Die Kindesbewegungen.

Das größte Interesse des Forschers beansprucht das Symptom der Kindesbewegungen, das regelmäßig bei der eingebildeten Schwangerschaft vorkommt und eine stark psychosexuelle Verfärbung als Grundqualität hat. Kein einziges Symptom der Schwangerschaft macht der angehenden Mutter so viel Freude, wie die Kindesbewegungen. Mit den Kindesbewegungen erst fühlt sich die schwangere Frau Mutter zu sein und erlebt zuerst jene sexuelle Lust und Freude, die eine Mutter an ihrem Kinde erleben kann. Die sexuelle Lust der Gravidität ist zu zwei Drittel und mehr an die Kindesbewegungen gebunden.

Mit den Kindesbewegungen spielen sich bei den scheinschwangeren Frauen die komischsten Geschichten ab. Selbst Zuckungen des Musculus rectus abdomini werden als Kindesbewegungen von den scheinschwangeren Frauen gedeutet! Hofstätter führt folgenden auch in psychosexueller Hinsicht höchst typischen Fall an:

„In einem unserer Fälle, der sonst gar nichts Erwähnenswertes bot, zeigte uns die Frau, die allerdings erst glaubte, 4 Monate gravid zu sein, die Kindesbewegungen; sie gab schon früher an, daß sie dieselben unter Tags nie von selbst spüre, sondern immer nur abends im Bett, wenn sie ihr dicker werdendes Abdomen betaste und vor Glück über die erreichte Mutterschaft streichle. Auch am Untersuchungsstuhl liebkoste sie mit den Händen bei diesen Worten den Bauch und zeigte, wo sie die Kindesbewegungen spüre. Ich konnte ganz genau feststellen, daß es sich um offenbar mechanische und psychisch induzierte Kontraktionen der Musculi recti handelte, die tatsächlich rhythmische Zusammenziehungen aufwiesen. Als ich die Frau aufforderte, bei unterstützungslos halberhobenem Oberkörper auf die Kindesbewegungen zu achten, blieben diese natürlich trotz Berührung aus, da ja beide Recti in Dauerkontraktion gebracht worden waren. Die Frau äußerte sich auf meine diesbezügliche Bemerkung ganz harmlos: „Ja, auf Befehl und fortwährend kann sich das Kind doch nicht so stark bewegen.“ Es interessierte mich später gar sehr, als ich bei Krummacher las, daß er gelegentlich einer falschen Schwangerschaft bei einer 48jährigen Mehrgebärenden sehr lebhafte Zuckungen besonders des Rectus abdominis beobachtete; dabei waren deutlich die Kontraktionen jeder einzelnen Partie zwischen den tendinösen Inskriptionen fühl- und sichtbar. Anßerdem zuckte aber auch die schiefe Muskulatur. Bei Krummacher aber beruhigte sich dieses Zucken unter der aufgelegten Hand. Er nimmt einen idiopathischen (choreatischen) Krampf der Bauchmuskulatur an, ist jedoch mit dieser Bezeichnung nicht zufrieden.“

Wer den von Hofstätter angeführten Fall von Kindesbewegungen bei einer Scheinschwangeren, die sich als Zuckungen der Musculi recti abdomini erwiesen, gelesen hat, wird kaum je noch zweifeln, daß die schwangeren Frauen die Kindesbewegungen wollüstig empfinden. Dieses Streicheln und Liebkosen des Bauches, diese ausgesprochene Verliebtheit in den Bauch, der die Frucht enthalten soll, alle die Zeichen der Zärtlichkeit und der größten Aufmerksamkeit, die die Scheinschwangere ihrem Bauche entgegenträgt, spricht mehr als genug für den sexuellen Charakter der Lust, die die Schwangeren an den Kindesbewegungen erleben. Weitere Beweise der sexuellen Lustempfindungen der Schwangeren beim Fühlen der Kindesbewegungen führen wir späterhin noch an.

Die Fälle, wo der extreme Erotismus der pseudoschwangeren Frau Muskelzuckungen am Bauch in Kindesbewegungen umwandelt und die

Frau glücklich ihren Bauch streichelt und liebkost, sind die seltenen. Gewöhnlich sind es peristaltische Bewegungen der Baucheingeweide, Ortsverschiebungen des von reichlichem Fett beschwerten Darmes oder Netzes, die so deutlich empfunden werden, daß sie in Kindesbewegungen bei einigem guten Willen leicht umgewandelt werden können. Das Bedürfnis der Frauen, Kindesbewegungen zu fühlen, spricht für sich allein, daß die Frauen etwas Außergewöhnliches bei den Kindesbewegungen erleben, etwas, das selbst an sexuelle Wollust grenzt. Die Frauen erleben ja während der Schwangerschaft nicht nur Schmerz und Leid, sondern auch Lust, Freude und höchstes Glück.

f) Die anderen Symptome der eingebildeten Schwangerschaft.

Andere Symptome bei der Scheinschwangerschaft haben mehr zufälligen Charakter und treten gegenüber den bisher geschilderten in den Hintergrund. Es kommen bei der Graviditas spuria Zeichen eines Hyperthyreoidismus und Dysthyreoidismus vor: Vergrößerte Schilddrüse, Tremor der Hände, Neigung zu Schweißen, Harndrang, Pollakurie und Polyurie, Protrusio bulbi, Schwindel, Blässe, Gefäßkrämpfe, vermehrte Darmperistaltik. Die Erklärung dieser Symptome wäre vielleicht in Störungen einzelner Blutdrüsen, sei es im Sinne eines plötzlichen Funktionsstillstandes, sei es im Sinne einer plötzlichen Entleerung der hormonalen Stoffe zu suchen.

Solche Symptome, wie Zunahme des Bauchumfanges, Schwellung der Brustdrüsen, Änderungen an den äußeren Genitalien usw. vermieden wir, einzeln und ausführlich zu besprechen, da sie alle leicht verständlich sind und ihre Erklärung auf der Hand liegt. Entweder ist es Meteorismus, der den Bauch auftreibt, oder es sind große Fettansammlungen, die den Bauchumfang ungewöhnlich groß machen oder irgendeine andere naheliegende Ursache. Sie alle zu besprechen, hätte vielleicht keinen besonderen Wert. Übrigens werden sie noch bei der Besprechung der klinischen Beobachtungen eine entsprechende Berücksichtigung finden.

5. Die auslösenden Momente der eingebildeten Schwangerschaft.

Die Ansicht Hofstätters, die eingebildete Schwangerschaft käme „auch bei psychisch normalen Frauen" vor, scheint uns unbegründet zu sein und kann einer ernsten Kritik nicht standhalten. Hofstätter scheint zu seiner Ansicht dadurch gelangt zu sein, daß er den Begriff „psychisch normal" der Hysterie gegenüberstellt:

„Gewiß, eine hysterische Frau kann sich alles einbilden, warum nicht auch eine in Wirklichkeit nicht bestehende Schwangerschaft? Nun aber will ich gerade zeigen, daß der Wahn, schwanger zu sein, meist mit der Hysterie gar nichts zu tun hat; ich will an der Hand mehrerer selbst beobachteter Fälle zeigen, wie auch bei psychisch normalen Frauen diese Einbildung zustande kommen kann."

Dies letztere zeigt uns aber Hofstätter in Wirklichkeit nicht, und wenn wir auch mit ihm darin übereinstimmen, daß weit nicht jede eingebildete Schwangerschaft eine Hysterie sei und nicht einmal einen hysterischen Charakter trägt, so können wir doch nicht weiter gehen und mit ihm behaupten, daß alles, was nicht Hysterie ist, normal zu nennen und eine eingebildete Schwangerschaft, die nicht im Bilde der

Hysterie verläuft, eben „normal“ sei. Hofstätter merkt nicht den Widerspruch, der in seiner Ausdrucksweise liegt, wenn er sagt, daß der „Wahn, schwanger zu sein“, auch bei psychisch normalen Frauen vorkommen könne. Ein „Wahn“ bei psychisch normalen Menschen ? ? Ist ein Individuum, das einen Wahn hat, nicht viel mehr psychisch krank ?! Die Tatsache, daß Hofstätters Gewährsmann, von Frankl-Hochwart, in einem Falle von eingebildeter Schwangerschaft, bei dem sogar akromegalische Symptome bestanden haben, „nichts geistig Abnormales, nicht einmal eine Hysterie“! (ist die Hysterie ein so unbedeutendes Leiden, daß man sagen könnte, „nicht einmal eine Hysterie“ ?) finden konnte, ändert an der Sache nichts und kein einziger Fall von eingebildeter Schwangerschaft kann als psychisch normal gelten. Eingebildete Schwangerschaft bei einer psychisch normalen Frau ist eine Contradictio in adjecto.[1]) Hofstätter hätte kaum den Fehler begehen können, wäre es ihm möglich gewesen, auf die Psychopathologie der Einbildung einzugehen.

In den Fällen von eingebildeter Schwangerschaft, die wir als die eigentlich eingebildete Schwangerschaft bezeichnen und die also mit den echten Psychosen, wo der Komplex der eingebildeten Schwangerschaft eine Rolle spielt oder ganz im Vordergrund der Krankheit steht, nichts zu tun haben und von denselben streng zu unterscheiden sind, ist es die Erscheinung, die wir Kindsucht nennen, die als auslösendes Moment der eingebildeten Schwangerschaft in erster Linie in Betracht kommt. Es handelt sich in solchen Fällen gewöhnlich um verheiratete Frauen, die schon lange, 10 und mehr Jahre in der Ehe leben, keine Kinder geboren haben und sich nach Kindersegen sehnen. Dieses sehnsüchtige Verlangen, ein Kind zu gebären, kann in einigen Fällen zur „Kindsucht“ ausarten.

Die Kindsucht ist, wie jede Sucht, krankhaft und natürlich kann sie nur etwas Krankhaftes produzieren. Das um so mehr, als sie von einer Affektivität besetzt ist, die direkt pathologisch, genauer, vielleicht als katathym bezeichnet werden könnte. Ein „Komplexmensch“ kann überhaupt nicht als völlig normal gelten, wo es sich aber um Komplexe handelt, die schwer katathym sind, ist die Katastrophe unvermeidlich und eines Tages durchbricht sich der Komplex den Weg zur Verkörperung, was gleichbedeutend mit einem Ausbruch der Krankheit ist.

So ein Komplex ist die Kindsucht der unfruchtbaren Frau. Sie allein ist es, die den ganzen Mechanismus der eigentlich eingebildeten Schwangerschaft einleitet und ihm während der ganzen Zeit seiner Wirkung die Lebenskraft verleiht. Sie ist der lebendige Geist, der das Rad im Mechanismus der eingebildeten Schwangerschaft fortwährend dreht und es nicht ruhen läßt, bis sie sich ausgelebt, erschöpft hat und der Gegenwirkung der Wirklichkeit nachgeben muß. Alle anderen auslösenden Momente sind bei der eigentlichen

[1]) Um den zu Widerspruch neigenden Leser hier schon zu beruhigen, bemerken wir, daß wir zwischen Schwangerschaftstäuschung und eigentlich eingebildeter Schwangerschaft unterscheiden (vgl. „Spezielle Psychopathologie und Klinik der eingebildeten Schwangerschaft“, Kap. 1 und 2). Nur die „Schwangerschaftstäuschung“ kann mit einigen Einschränkungen als nicht pathologisch oder besser als Grenzzustand gelten.

Scheingravidität von untergeordneter Bedeutung und können neben der Kindsucht bestehen, können aber auch fehlen. Die Forderung Pohls, daß in jedem Falle von eingebildeter Schwangerschaft neben der Kindsucht, die er „unüberwindlicher Wunsch, schwanger zu sein", nennt, noch

2. die Bekanntschaft der Patientin mit allen Erscheinungen der vermeintlichen Schwangerschaft,

3. aufmerksame Selbstbeobachtung in Erwartung der ersten Anzeichen der Schwangerschaft,

4. die fälschlich bestätigte Diagnose der Schwangerschaft durch Arzt oder Hebamme

bestehen sollen, scheint uns nicht gerechtfertigt. Die Kindsucht ausgenommen, kann dieses oder jenes von den von Pohl aufgezählten Momenten fehlen und sich dennoch eine typische Scheinschwangerschaft entwickeln.

Die Entwicklung der objektiven Symptome der Schwangerschaft bei Graviditas spuria hängt gewiß fast ausschließlich von dem Moment der Kindsucht und der krankhaft entarteten Affektivität in ihrer Wirkung auf die Blutdrüsen und unmittelbar auf die Genitalien ab und nicht von den anderen von Pohl berücksichtigten Momenten. Doch ist nicht zu verneinen, daß dieselben in manchem Einzelfalle eine besonders wichtige Rolle spielen.

Wie werden wir nun die eingebildete Schwangerschaft der unfruchtbaren Frauen psychopathologisch charakterisieren? Am richtigsten wohl als eine Psychoneurose leichten Grades, wo psychische und somatische Symptome sich so miteinander verflechten, daß es oftmals schwer fällt, das Primäre von dem Sekundären zu unterscheiden. Der Kundige irrt sich dabei nur äußerst selten und wird die Graviditas spuria psychoneurotica ex sterilitate kaum je falsch deuten und mit einem anderen Krankheitsbild verwechseln.

Eine andere psychoneurotische Form der eingebildeten Gravidität ist diejenige, die infolge eines starken Affektes von Angst auftritt. Das auslösende Moment der eingebildeten Schwangerschaft ist also hier nicht der Wunsch, schwanger zu sein, sondern die Furcht vor der Schwangerschaft. Die Vorstellung einer möglichen Schwangerschaft, mit den großen Augen der Angst beschaut, verwandelt sich für das Erleben der Kranken in eine Wirklichkeit. Gewöhnlich besteht in solchen Fällen von Schwangerschaftsfurcht eine ernste Gefährdung des Lebens der Patientin durch die ethischen, ökonomischen und sozialen Folgen der Schwangerschaft. In den schweren Zeiten des Krieges ist im Zusammenhang mit der wirtschaftlichen Krisis eine bedeutende Zunahme von Fällen eingebildeter Schwangerschaft, die auf Angst vor der Schwangerschaft beruht haben, beobachtet worden und Ebeler (Köln) erzählt, daß

„solche Frauen in späteren Monaten ein Stärkerwerden des Leibes zeigten und sie glaubten, Kindesbewegungen zu verspüren, obwohl sie bestimmt nicht gravid waren. Vier Frauen kamen mit der Frage, ob sie schon trotz ihrer regelmäßig auftretenden Wehen noch eine dringende Besorgung machen könnten oder unterwegs von der Geburt überrascht werden könnten. In 2 Fällen erschien die Hebamme mit in der gynäkologischen Sprechstunde, um feststellen zu lassen, wie es mit der Geburt stände; sie sei vor einigen Stunden wegen der Wehen gerufen worden und vermute auf Grund des inneren Untersuchungsbefundes eine pathologische Schwangerschaft. — Ein 26jähriges

Mädchen, vor 2 Jahren ein Partus, kommt nach 12monatlicher Amenorrhöe in die Ordination, weil sie sich seit 9 Monaten gravid glaubt. Brüste enorm stark, obwohl sie nicht gestillt hatte. Absonderung einer gelblichen klaren Flüssigkeit seit einigen Monaten. Pat. hat trotz geringer Ernährung 28 Pfund zugenommen. Starke Wallungen und fliegende Hitze."

Weiterhin ist es das Klimakterium, eigentlich das beginnende Klimakterium (Präklimakterium), das als auslösendes Moment der eingebildeten Schwangerschaft oft in Frage kommt. Das natürliche Ausbleiben der Menses, die Zunahme des Leibesumfanges, die sich im Klimakterium stark bemerkbar macht und oftmals mit dem Auftreten von Tumoren im Bauchraume in Zusammenhang steht, die häufigen Parästhesien im Genitaltrakt, die das heranrückende Klimakterium mitbringt, die allgemein bekannte Steigerung der Libido mit dem Eintritt der Klimax, der Wunsch, den Mann stärker an sich zu ketten, vielmals auch der Wunsch, ein Kind zu haben und andere psychische Momente gestalten das beginnende Klimakterium zu einem Komplex von Symptomen, die bei einer einigermaßen bestehenden Neigung der Frau, eine Schwangerschaft auftreten zu lassen, leicht in Symptome von eingebildeter Schwangerschaft verwandelt werden.

In vielen Fällen sind es ausgesprochene Geisteskrankheiten, die eine eingebildete Schwangerschaft auslösen. Die eingebildete Schwangerschaft ist bei Dementia praecox, Manie, Paranoia, bei Paralysis progressiva, bei verschiedenen Psychoneurosen und Hysterien beobachtet worden. Um hier schon eine Vorstellung von derartiger Graviditas spuria zu geben, führen wir folgenden Fall von Domrich an:

Eine Hysterica, die im 48. Jahre stand und mehrere Jahre hindurch nicht menstruiert hat, ist bei einer schweren Entbindung ihrer Tochter anwesend. Gleich nachher bekommt die Mutter der Tochter Geburtswehen, Blutfluß aus der Gebärmutter, 3 Tage später Milchfieber, Anschwellung der Brüste, Absonderung einer milchartigen Flüssigkeit. Nach 6 Tagen fangen die Symptome an zu verschwinden.

Psychische Momente spielen eine Rolle auch dort, wo die eingebildete Schwangerschaft durch Funktionsstörung der Ovarien und des Uterus ausgelöst wird. Die Symptome der Ovarienschwäche: Fettsucht, Apathie, Gefühl der Müdigkeit, Aufhören der Libido werden von der Frau so ausgenutzt, daß sie zu Schwangerschaftssymptomen werden, um die Frau aus mancher peinlichen Lage, wie sexueller Abusus des Mannes, der der Frau unerträglich wird, zu retten. Namentlich ist es in Fällen von Asthenia genitalis (genitale Erschöpfung), wo sich die Frauen durch Umdeutung von Symptomen der Erschöpfung in solche von Schwangerschaft die ihnen notwendig gewordene Sexualruhe zu verschaffen suchen. Das gelingt ihnen auch oft.

Die deutliche Häufung der eingebildeten Schwangerschaft zur Zeit der Pubertät führen manche Gynäkologen, wie es scheint, nicht mit Unrecht, auf vorübergehende Erschöpfungszustände der Ovarien zurück. Eine dabei primär auftretende Amenorrhöe führt zu der Einbildung der Schwangerschaft, um die sich bald mehrere Schwangerschaftssymptome gruppieren.

Wir sehen also, daß es an auslösenden Momenten, die wir vielleicht noch nicht alle angeführt haben, bei der eingebildeten Schwangerschaft kein Mangel besteht. Eher bieten sie eine große Mannigfaltigkeit, die das häufige Vorkommen der eingebildeten Schwangerschaft unserem Verständnis nahebringen. Durch die auslösenden Momente, die in jedem individuellen Falle aufzufinden, Aufgabe des Arztes ist, ist jeder Fall von eingebildeter Schwangerschaft, mag er noch so kompliziert sein, verhältnismäßig leicht zu erklären. Um so auffallender ist es, daß der Berliner Gynäkologe Wilhelm Liepmann auch bei der eingebildeten Schwangerschaft sein berühmtes „Gesetz von dem dreifachen Grunde“ verantwortlich macht.

Es besteht aus folgenden Teilen: 1. dem Gesetz der Hemmung; 2. dem Gesetz der Vulnerabilität; 3. dem Gesetz des Pansexualismus. Diese drei Gesetze allein sollen alle möglichen Erscheinungen des gesunden und kranken Geisteslebens der Frau erklären; sie sollen die onto- und phylogenetische Entwicklung der weiblichen Psyche erklären und die psychogenetische Erklärung sämtlicher Frauenkrankheiten abgeben. Es gäbe keinen einzigen Winkel in der weiblichen Psyche, wo sich das Gesetz vom dreifachen Grunde in seiner Wirkung nicht offenbart hätte. Hier ein Beispiel aus der neuesten Arbeit W. Liepmanns: „Zur Ätiologie der Metropathia uteri“ (1924), das uns das Gesetz vom dreifachen Grunde in seiner Wirkung vor Augen führt:

„Wir wollen hier nur kurz die Momente berühren, die, gebunden an das Gesetz vom dreifachen Grunde im einzelnen zur Genese der Metropathie im ursächlichen Zusammenhang stehen.

Die Vulnerabilität in ihren 28tägigen Höhepunkten bewirkt nicht nur allein eine dauernde Blutwellenbewegung in utero, sondern läßt die Psyche nicht unberührt, kenntlich von den leichtesten Verstimmungen, bis zu den schwersten Menstruationspsychosen. Daß diese Irritation der Psyche lustbetont ist, wird niemand behaupten wollen. Ebenso aber wird durch den Pansexualismus, dessen Vorhandensein nur der leugnen kann, der sich mit den psychologischen Grundgesetzen der Frau nicht beschäftigt hat, die Konzentrationsbedingtheit geklärt. So strömen, wie die Strahlen des Lichtes im Brennpunkt eines Spiegels, die affektiven Spannungen des Weibes fortgesetzt in der Genitalsphäre zusammen und müssen dort entsprechend unseren jetzigen Kenntnissen, organische Spuren hinterlassen. Dieses Zusammenströmen wird noch durch die dem Hemmungsgesetz innewohnende Tatsache gestützt, daß abstraktives Denken über das körperliche hinaus der Frau und gerade diesen Frauen fehlt.“

Wir wollen keine Kritik an den Ausführungen Liepmanns üben und bemerken nur, daß nach ihnen sämtliche Frauen der Erde an Metropathie leiden müßten!

Dem Gesetze vom dreifachen Grunde entspricht nach W. Liepmann die „dreifache Phase des Entstehens“.

„Die erste Phase, die Phase des bewußten Willens, oder nach Kretschmer, des Zweckwillens, liegt längst vor der Konsultation beim Arzte. Die zweite Phase, die Phase des unbewußten Willens oder, nach Kretschmer, des hypobulischen Willens, ist die Zeit erster Behandlung, die Zeit, in der die in der Pansexualität gelegene Konzentrationsbedingtheit auf das Genitale vom bewußten Willen abgeschaltet ist, die Zeit, in der die Psyche unbewußt ihre Impulse durch das endokrine oder vegetative System und die Vasodilatatoren dem Genitale weitergibt . Schließlich sind in der dritten Phase die organischen Veränderungen durch dieses Wechselspiel völlig selbständig, autistisch geworden und imponieren dem nicht psychologisch denkenden Gynäkologen als autonome, nicht klärbare Organveränderungen.“

Die dreifache Phase des Entstehens stellt sich nun W. Liepmann bei der eingebildeten Schwangerschaft wie folgt vor:

„Die erste Phase des Entstehens, die dem bewußten Willen untersteht, ist das bewußte Wollen, ein Kind zu haben. Fortgesetzte Reizimpulse dieser Art rufen die Hemmung der Menstruation und damit wiederum retrograd neue Reizimpulse des siegreichen Wollens, neue Verstärkungen der ursprünglich affektbetonten Gedanken hervor.

Die zweite Phase tritt allmählich vom Bewußten ins Unbewußte. Wie bei Ausübung des Sportes, um das vorzügliche Beispiel Kretschmers zu wählen, zuerst mit bewußtem Willen die Ballance, ein äußerst kompliziertes Muskelspiel, aufrechterhalten wird und dann allmählich das Stadium des unbewußten Könnens eintritt, so tritt auch hier im zweiten Stadium, dem unbewußten, unterschwelligen, hypobulen, ganz allmählich der bewußte Gedanke in den Hintergrund. Die fortgesetzten Reizimpulse, die wir auf die Menstruation hemmend wirken sahen, lösen andererseits nunmehr unbewußt längst überkommene, determinierte Reize auf die Brustdrüse (Milch), auf die Genitalien (Fluor) und besonders auf das ganze Abdomen aus, dadurch die Därme blähend und anatomisch den Zustand einer Schwangerschaft nachahmend.

In der dritten Phase endlich funktioniert der Unterleibstraktus autistisch wie ein Reflexapparat, entsprechend den von Pawlow beschriebenen bedingten Reflexen, deren Studium wir für die Gynäkologie Walthard verdanken. Es kommt zu allen den Erscheinungen, die wir bisher nur feststellen und nicht erklären konnten, der Geräuschbildung, des Anschlagens der Därme an die Bauchwand Kindesbewegungen nachahmend u. a. m.

Alle diese Erscheinungen gehen ebenso allmählich zurück, wenn es dem Arzt gelingt, dem Individuum die Pseudoschwangerschaft vor Augen zu führen, während sie, wie ich (W. Liepmann) in einem Falle beobachtete, weiter bestehen bleiben, wenn sie sich erst zu einem fixierten paranoiden Wahn ausgestalteten."

Nach alledem, was wir von den auslösenden Momenten der eingebildeten Schwangerschaft wissen, ist leicht einzusehen, daß die dreifache Phase des Entstehens der eingebildeten Schwangerschaft, wie sie uns Liepmann schildert, in den meisten Fällen nicht zutrifft. In manchem Falle von eingebildeter Schwangerschaft mag das oder jenes aus dem Gedankengange Liepmanns Geltung haben. Im großen und ganzen erweisen sich das Gesetz vom dreifachen Grunde und die dreifache Phase des Entstehens bei der Erklärung der eingebildeten Schwangerschaft als nicht notwendig und ganz umgänglich und da sie zum Teil, wenn nicht zum größten Teil, unrichtig sind[1]), so tut man gut, bei der eingebildeten Schwangerschaft von dem Gesetz vom dreifachen Grunde ganz abzusehen. Das Gesetz taugt ja absolut nicht, um einen individuellen Fall zu charakterisieren und bei der Diagnosestellung behilflich zu sein. Bei dieser letzteren werden wir uns allein von den auslösenden Momenten der eingebildeten Schwangerschaft leiten lassen müssen.

6. Diagnostik der eingebildeten Schwangerschaft.

Die meisten Fehldiagnosen, die bei der Erkennung der Scheingravidität selbst dem erfahrensten Gynäkologen begegnen, rühren von der vorkommenden Unmöglichkeit einer Differentialdiagnose zwischen

[1]) Können denn wirklich „Erscheinungen der Geräuschbildung, Anschlagen der Därme an die Bauchwand, Kindsbewegungen nachahmend" als bedingte Reflexe!! aufgefaßt werden? Kann man bei einer Nullipara, die nie echte Kindsbewegungen hatte und die „Anschlagen der Därme an die Bauchwand" als Kindsbewegungen deutet, von einem bedingten Reflex! sprechen? Und gerade sind es am meisten die Nulliparen, die an eingebildeter Schwangerschaft leiden und Kindsbewegungen angeben! Selbst bei scheinschwangeren Multiparen dürfte man die „Kindsbewegungen" nicht als bedingten Reflex auffassen oder man müßte konsequenterweise alle Symptome der Scheingravidität bedingten Reflex nennen und keine verschiedene Phasen der Entstehung unterscheiden. War Liepmann nicht weitsichtig genug, um dies „Entweder-Oder" einsehen zu können? Warum soll das Ausfallen der Menses bei Scheinschwangerschaft eine Erscheinung der Hemmung und nicht ebenfalls ein bedingter Reflex, wie manch anderes Symptom sein? Ist etwa das Ausfallen der Menses kein reflektorischer Vorgang? Und ist es ein Reflex, warum kein bedingter, wie manch anderer Reflex der eingebildeten Schwangerschaft? Liepmann scheint sich all diese Fragen bei der Abfassung seiner Theorien nicht vorgelegt zu haben, sonst könnte er unmöglich solche innere Widersprüche bestehen lassen.

Schwangerschaft und Tumor her. Die gynäkologische Literatur ist reich an Mitteilungen, die über Verwechslungen von Geschwulst mit Schwangerschaft berichten. Fuller, Halban, R. Hofstätter, Q. W. Hunter, v. Jaschke, Robert Lee, P. D. Mallik, Montgommery, H. H. Schmid, Schroderus, Sigwart, W. S. Smith, Tissier erzählen von derartigen Fehldiagnosen, die ihnen selbst oder anderen passiert sind. Vielleicht wird es nicht uninteressant sein, auf diese Literatur näher einzugehen.

Jaschke spricht ausführlich in J. Schwalbes Sammlung: „Diagnostische und therapeutische Irrtümer“ über die Verwechslungen von Geschwülsten mit Schwangerschaft und umgekehrt und teilt unter anderen folgenden Fall mit:

„Vor einigen Jahren kam eine dicke, junge Frau zu mir mit einem an Ausdehnung und Konfiguration dem Ende des 9. Graviditätsmonates entsprechend vorgewölbten Abdomen. Veranlassung für die Pat. und den Arzt, meinen Rat einzuholen, war die vermeintliche Übertragung der Frucht, da der Berechnung nach die Geburt bereits vor 4 Wochen hätte erfolgen müssen. Die Anamnese ergab, daß die Pat. immer dick und groß war, vor der Ehe nur einige wenige Male eine ganz spärliche Menstruation hatte. In der Ehe trat zunächst keine Konzeption ein; erst im 2. Jahre derselben schien der sehnliche Wunsch der Frau nach einem Kinde in Erfüllung zu gehen. Übelkeit, vereinzeltes morgendliches Erbrechen, Zunahme des Leibesumfanges stellten sich ein und der Arzt konstatierte schließlich eine Schwangerschaft im 5. Monat. Der Tumor wuchs etwa entsprechend der Größenzunahme eines graviden Uterus, die Pat. glaubte Kindesbewegungen zu spüren, der Arzt wollte auch Herztöne gehört haben. Ich fand schon die prall-zystische Konsistenz des vermeintlichen Uterus auffallend und konnte bei der äußeren Untersuchung nirgends Kindesteile oder Herztöne nachweisen. Am Introitus fehlten alle Schwangerschaftszeichen, bei der Exploration ergab sich, daß hinter dem unteren Pol des als gravider Uterus angesprochenen Tumors ganz deutlich der kleine retrovertierte Uterus tastbar war. Es handelte sich tatsächlich um ein großes, rasch gewachsenes Pseudomucinzystom bei einer infantilen Hochwuchs zeigenden, außerdem mit Hypothyreoidismus behafteten amenorrhöischen Pat.

Es gibt aber auch Fälle, in denen selbst für den erfahrenen Untersucher die Differentialdiagnose zwischen Schwangerschaft und Ovarialtumor äußerst schwierig werden kann. Ich denke hier an Fälle von Hydramnios, besonders solcher mit abgestorbener mazerierter Frucht. Der häufiger passierende Irrtum ist hier der, daß der gravide Uterus für einen Ovarialtumor gehalten wird, bis bei der Operation der Irrtum sich herausstellt. Erleichtert wird der Irrtum dadurch, daß bei hochgradigem Hydramnios auch bei lebendem Kinde die Herztöne unhörbar, die Kindesteile nicht zu tasten sein können und der Uterus ganz deutlich zystische Konsistenz aufweist. Ich habe selbst Fälle gesehen, in denen die plumpe Portio im ersten Moment als der kleine Uterus, das gravide Korpus als Ovarialzyste imponierten. Meist wird ja durch die Anamnese die Unterscheidung möglich sein. Es gibt aber Fälle, in denen bei schon vor der Gravidität oligomenorrhöischen Frauen die Anamnese in Stich läßt, wenn während der Schwangerschaft ebenfalls mehrfach Blutabgänge aufgetreten sind. In einem selbsterlebten derartigen Fall gelang die richtige Diagnose schließlich dadurch, daß der Übergang der Ligamenta rotunda auf dem Tumor einwandfrei nachgewiesen werden konnte.“

Hofstätter hielt ein großes, median gelegenes Zystom, Robert Lee eine maligne Ovarialgeschwulst für eine Schwangerschaft. P. D. Mallik hatte bei einer Hysterica, die gebären wollte, eine Geschwulst vorgefunden, die in der Narkose zurückging; in einem Falle von Montgommery ging es auch so, nur ist die Geschwulst mit dem Erwachen aus der Narkose wieder aufgetreten. Tissier konnte in einem Falle von eingebildeter Schwangerschaft den vorgefundenen Tumor nicht als einen graviden Uterus, sondern als eine Hämatokolpos und Hämatometra, die bei einer oberhalb des Hymens verschlossenen Vagina bestanden haben, feststellen. Das Hymen selbst war trotz eines stattgehabten Attentats erhalten. Halban gibt an, daß ein

Arzt ein apfelgroßes Ovarium, das tuberkulös entartet war und dem Uterus angelagert, als eine Schwangerschaft ansah, eine Ausräumung des Eies vornahm, dabei durchbohrte er den Uterus und die Patientin ging später in Halbans Klinik an diffuser Peritonitis zugrunde.

So geht es wie ein roter Faden durch die ganze gynäkologische Literatur auch der Neuzeit: Immer wieder wird Schwangerschaft mit Tumor und Tumor mit Schwangerschaft verwechselt. Und es fragt sich: wozu denn eigentlich die Röntgenstrahlen da sind? In der modernen Zeit, wo wir so ein ausgezeichnetes diagnostisches Hilfsmittel, wie das Röntgenbild zur Hand haben können, dürfte derartig falsche Diagnosestellung, wie sie Hofstätter in Wien passiert ist, durchaus nicht vorkommen. In jedem Falle von eingebildeter Schwangerschaft, wo Zweifel über die Natur des vorgefundenen Tumors bestehen, werden wir immer zum Röntgenbild greifen müssen. Die Röntgendiagnostik ist zurzeit so weit vorgeschritten, daß bei ihr die Fehlerquellen minimal sind.

Die neue Methode der Beckenmessung und der Größenbestimmung der Frucht, die auf der Röntgenstereometrie fußt, erlaubt eine genaue Röntgenaufnahme der selbst sehr jungen Frucht im Mutterleibe vorzunehmen. Die Schwierigkeiten, die einer solchen Aufnahme im Wege standen — die Dicke und Dichtigkeit der Gebärmutter, die geringe Kalkhaltigkeit in den Knochen der Frucht, das Fruchtwasser, die Atembewegungen der Mutter und der Frucht selbst — könnten durch die Vervollkommnung der Röntgentechnik bei der Aufnahme der Frucht im Mutterleibe beseitigt werden.[1])

Außer den Tumoren und Phantomtumoren, die am häufigsten die Fehldiagnose: Schwangerschaft veranlassen, kommt es vor, daß Darmerkrankungen eine Gravidität vortäuschen. Hier ein derartiger Fall (Beobachtung Hofstätter).

31 jährige Frau, die bereits drei Kinder geboren hatte, wurde schwer dyspeptisch, bekam häufiges morgendliches Erbrechen, kam am Körpergewicht rasch herunter, sah sehr schlecht aus, bekam einen trommelförmig aufgetriebenen und sehr empfindlichen Leib. Gleichzeitig waren die Perioden seit 5 Monaten allmählich immer schwächer geworden, so daß die letzte kaum noch angedeutet war. Kolostrum positiv. Ein altes Chloasma erschien wieder lebhafter. Bei der ersten Untersuchung konnte ich beim besten Willen keine präzise Diagnose stellen, hielt jedoch eine Schwangerschaft für sehr unwahrscheinlich. Auf energische Purgantien ging am 4. Tage ein mächtiger Spulwurm ab. Danach verschwanden bis zum nächsten Menstruationstermin alle für Schwangerschaft gehaltenen Erscheinungen. Nach weiteren Darmreinigungen traten nach 2 Monaten wieder normale Perioden ein.

---

[1]) Die Technik der Aufnahme der Frucht im Mutterleibe, welche in der geburtshilflichen Klinik der 1. Moskauer Universität ausgearbeitet ist, hat die Benutzung einer möglichst weichen Röhre (4 W.) bei großer Belastung zur Grundlage. Exposition wird im Durchschnitt 1—$1^1/_2$ Sekunden angewendet. Die Schwangere liegt auf dem Rücken. Die Kompression ist in Form einer ovalen Blende in 15—20 cm, die Entfernung bis zum Brennpunkt beträgt 60 cm. Unter diesen Bedingungen war es möglich, die ganz genauen Umrisse des Köpfchens und der übrigen Teile des Körpers zu erhalten.

Die Röntgenapparate, die für die geburtshilfliche Beckenmessung und für die Größenbestimmung der Frucht Verwendung finden, heißen: Röntgen-Stereopelvimeter und Röntgen-Pelvigraph. Ihre Beschreibung ist in der Arbeit von B. Archangelsky: „Neue Wege im Gebiet der geburtshilflichen Beckenmessung und der Größenbestimmung der Frucht", Zentralblatt f. Gynäkologie, Nr. 34, S. 1866; 1924, an der Hand von Abbildungen mit einer nichts zu wünschen übrig lassenden Klarheit gegeben.

Eine weitere Quelle von Irrtümern bei der Diagnose von Scheinschwangerschaft ist in Fällen der Hirschsprungschen Krankheit (Megacolon congenitum) mit Elevatio uteri gegeben. Gewöhnlich ist die Hirschsprungsche Krankheit ein angeborenes Leiden, das keine Symptome macht und darum am meisten von den Ärzten unbemerkt bleibt. Sie wird dann zufällig bei einer Operation oder gar bei der Obduktion gefunden. Gynäkologisch ist die Hirschsprungsche Krankheit darum wichtig, weil die groß angelegten Darmsenkungen im embryonalen Zustande schon den Eingang zum kleinen Becken verlegen können und der Uterus, der sich bekanntermaßen im großen Becken aus den Mesenchymmassen, die bei der Verschmelzung der Müllerschen Gänge entstehen, formiert, um seinen Deszensus in dem kleinen Becken zu machen, den Weg dorthin verlegt findet. Der Uterus bleibt nun für immer im großen Becken fixiert und wir haben das Bild der Elevatio uteri, des hohen Standes des Uterus.

Daß ein im großen Becken gelegener Uterus leicht als ein schwangerer Uterus angesehen werden kann, darf nicht besonders hervorgehoben werden. Will gar die Trägerin der Elevatio uteri schwanger sein, was bei der in solchem Falle bestehenden Schwierigkeit der Konzeption nicht immer das nächst Wahrscheinliche ist, so verleitet der hohe Stand des Uterus den Arzt gar leicht, die falsche Diagnose Schwangerschaft zu stellen. Der Arzt muß also immer die Möglichkeit einer Elevatio uteri im Auge haben, obwohl die Diagnose der Hirschsprungschen Krankheit sehr schwierig zu machen ist und sie gewöhnlich erst bei der Operation (wegen Geschwulst, die die dilatierten Darmschlingen vortäuschen) gestellt wird.

Eine unvergleichlich viel häufigere Quelle der diagnostischen Irrtümer bei Scheinschwangerschaft ist die Verwechslung der Symptome des Klimakteriums, insbesondere solcher der Climax praecox mit Schwangerschaftssymptomen. Gewöhnlich handelt es sich in solchen Fällen um unfruchtbare Frauen, die in ihrem 35.—38. Jahre stehen und die infolge der Minderwertigkeit der Ovarien und des hieraus resultierenden Ausfalls der so wichtigen Funktionen, wie die Konzeption, das Tragen und Austragen der Frucht, das Gebären, das Säugen usw. ein frühes Verkümmern der anderen Genitalfunktionen, besonders derjenigen der Follikelreifung und Ovulation aufweisen, was sie gern als Schwangerschaft deuten. In solchen Fällen ist dem Arzte bei der Diagnosestellung besondere Vorsicht geboten. Als Regel muß da gelten: Unfruchtbare Frau, 36 Jahre alt, Ausfall der Periode nach vorausgehender allmählicher Verringerung derselben, hierzu noch andere „Schwangerschaftssymptome", also Graviditas spuria, vorgetäuscht durch Klimakterium praecox. Dabei wird sich der Arzt mit seiner Diagnose am wenigsten irregeleitet sehen. Seltene Ausnahmen, die die allgemeine Regel bestätigen, werden wohl hier und da vorkommen, in solchen Fällen werden aber dem erfahrenen, kundigen Arzt etwaige Zeichen auffallen, die ihm den wahren Sachverhalt verraten und ihn veranlassen werden, die endgültige Diagnosestellung für einige Zeit zu verschieben, um sie dann um so sicherer stellen zu können. Im großen und ganzen kann man aber sagen, daß eine 35—38 Jahre alte unfruchtbare Frau, die nach mehreren (10—15) Jahren des Ehelebens auf einmal schwanger sein will, an

Scheinschwangerschaft, veranlaßt durch ein früh auftretendes Klimakterium, leidet, wie es auch folgender Fall, den wir der russischen Literatur entnehmen („Wratschebnoje Obosrenje" [Medizinische Rundschau] Nr. 6, S. 204. 1924) und den Beobachtungen von Prof. A. Redlich in Belgrad entstammt, zeigt.

Im März 1923 ist die 38jährige Offiziersfrau Mitza M. nach Belgrad gekommen, mit der Bitte, sie in die gynäkologische Abteilung des Allgemeinen Königlichen Krankenhauses aufzunehmen, da sie Geburtswehen habe und demnächst gebären muß.

Die Kranke ist seit 3 Jahren verheiratet. Menarche mit 14 Jahren; die Blutungen sind regelmäßig alle 4 Wochen 4—5 Tage. 9 Monate zurück haben sich die Menstruationen eingestellt und 4 Monate später fühlte die Pat. Kindsbewegungen; der Bauch nahm bedeutend an Umfang zu, die Brüste wurden größer und sonderten Kollostrum ab. Die Kranke ist wiederholt von verschiedenen Ärzten untersucht worden und sie alle fanden bei ihr Schwangerschaft vor.

Bei der Untersuchung konnten wir uns überzeugen, daß nicht nur keine bevorstehende Entbindung vorliegt, sondern es liegt überhaupt keine Schwangerschaft vor. Seitens der Genitalien sind Erscheinungen des eintretenden Klimakteriums festzustellen, der Bauch ist aufgetrieben, die Linea alba ist etwas gebräunt. Striae gravidarum. Das Gesicht weist deutliches Chloasma uterinum, das eine Schmetterlingsform hat, auf. Die Pat. macht den Eindruck einer sehr nervösen Person, ist sehr aufgeregt. Als sie erfahren hat, daß sie gar nicht schwanger sei, war sie sehr angegriffen.

Von Klimakterium abgesehen, ist es die Hypofunctio ovarica, die mit Schwangerschaft verwechselt wird und die der Arzt darum bei der Diagnose der Scheinschwangerschaft im Auge haben muß. Wiederholte Untersuchungen, aufmerksame Beobachtung, das Fahnden nach feineren, völlig objektiven Schwangerschaftszeichen, die durch keine Vorstellungskraft ins Leben gerufen werden können, wie das Hegarsche Schwangerschaftszeichen, das im 6.—8. Monat der Schwangerschaft am deutlichsten wird, wenn möglich Untersuchungen nach Abderhalden (Dialysierverfahren und optische Methode) oder nach Kottmann (Dia-Sorzymmethode), die allerdings nur in einer Klinik möglich sind, werden schließlich die wahre Natur der „Schwangerschaft" aufdecken.

Besonders ratsam ist bei der Diagnose der eingebildeten Schwangerschaft, wo Zweifel über die Natur des Befundes bestehen, die Narkose anzuwenden. Bei der Narkose fällt die Spannung der Bauchdecken ganz weg und sämtliche Beckenorgane werden der Palpation besonders gut zugänglich; dazumal werden alle psychischen Momente, die bei der Entstehung und Fortdauer der Krankheit eine Rolle gespielt haben, ferngehalten und sämtliche psychogene Symptome, die das Bild verdunkelt haben, verschwinden. Man erlebt so oft, daß mächtige Tumoren in der Narkose auf einmal verschwinden und nicht einmal endete eine eingebildete Gravidität in der Narkose durch den Abgang großer Mengen von Darmgasen. Allerdings erweist sich auch die Narkose nicht immer als das ideale Mittel, um die richtige Diagnose bei der Scheingravidität zu ermitteln. Handelt es sich z. B. darum, eine einfache Scheingravidität von einer absichtlich vorgetäuschten Gravidität, wo ebenfalls Symptome der Schwangerschaft bestehen können, richtig zu unterscheiden, so ist die Narkose gar für die Diagnose störend, da wir die Differentialdiagnose Scheinschwangerschaft? oder vorgetäuschte Schwangerschaft? auf Grund von psychischen Merkmalen und Aussagen, die die Kranke in ihren verbrecherischen Absichten verraten und nicht auf Grund von somatischen Symptomen, welche sie auch seien, zu stellen imstande sein werden. Nur wenn der Betrug zu grob und ungeschickt geführt wird, wird es leicht sein, ihn auf Grund des gynäkologischen Befundes zu entlarven. Im allgemeinen gelingt es schließlich, jede vorgetäuschte Schwangerschaft als solche zu erkennen, da die ewige Simulation, die beständige Befürchtung der möglichen Entdeckung des Betruges, die Anspannung aller seelischen Kräfte, um den Betrug womöglich unkennbar zu maskieren, die Kranke moralisch und physisch so weit erschöpfen, daß sie den Betrug schließlich selbst verrät. Das aber nur dann, wenn der Arzt geschickt genug ist, um die Kranke immer im Schach zu halten, sie von allen eingenommenen Posten immer verdrängt und sie in ihrem Rückzuge so bedrängt, daß sie seelenmüde wird, das undankbare Spiel fortzusetzen und den Betrug aufgibt. Das Geständnis der Patientin sichert allein vollständig die Vermutungsdiagnose: vorgetäuschte Schwangerschaft.

Hat nun der Arzt die eingebildete Schwangerschaft als solche erkannt, so bleibt es ihm noch übrig, sich über die psychischen Eigentümlichkeiten des Falles zu orientieren, um therapeutisch um so sicherer auftreten und wirken zu können. Er wird also neben der Grunddiagnose — Scheinschwangerschaft — noch die „psychische Farbdiagnose" — wenn man sich so ausdrücken kann — stellen müssen. Er wird sich darüber Rechenschaft geben müssen, ob es sich um eine psychotisch verfärbte, psychoneurotische, hysterische, katathyme oder anderweitig psychisch bedingte Scheinschwangerschaft handelt. Oft werden da Gynäkologen und Psychiater zusammen arbeiten müssen, um die psycho-physische oder rein psychische Natur des Falles zu klären. Als „Regel" kann gelten, daß Hysterie und ausgesprochene typische Psychosen verhältnismäßig selten bei der eingebildeten Schwangerschaft als Begleitmoment oder gar als auslösende Ursache in Frage kommen. Hauptsächlich sind es Psychoneurosen leichten und schweren Grades, die da in Frage kommen und nur der Psychiater wird es verstehen, jeden individuellen Fall von Scheinschwangerschaft so zu charakterisieren, daß er restlos geklärt und erklärt und bald auch restlos geheilt werden kann.

7. Die eingebildete Schwangerschaft des Menschen und die Scheinträchtigkeit der Tiere.

Ehe wir aus einer Vergleichung der eingebildeten Gravidität beim Menschenweib mit der Scheinträchtigkeit im Tierreich versuchen wollen, neue Gesichtspunkte, vielleicht phylogenetische Erklärungsmöglichkeiten zu gewinnen, müssen wir noch kurz auf das Phänomen der eingebildeten Schwangerschaft beim Manne, auch Couvade genannt, eingehen.

Das Phänomen der eingebildeten Schwangerschaft beim Manne ist in unserer zivilisierten Welt eine besonders seltene Erscheinung und kommt nur bei Geisteskranken vor. Abraham berichtet über einen 15jährigen Hebephrenen, der eine eingebildete Schwangerschaft durchgemacht hat, wobei auch Symptome der Schwangerschaft in typischer Weise aufgetreten sind. Uns selbst ist ein Fall bekannt, von einem jungen Knaben, der übertrieben onanierte und unter vielen anderen neurotischen Symptomen die Angst, er könnte durch „Selbstbefruchtung schwanger werden"! äußerte. Die nötigen Aufklärungen haben da ohne weiteres abgeholfen und die neurotische Angst der Schwängerung völlig zerstreut.

Anders verhält sich die Sache bei den Naturvölkern. Da bedeutet die eingebildete Schwangerschaft des Mannes, das „Männerkindbett", die „Couvade", nicht soviel wie Einbildung, schwanger zu sein, sondern es handelt sich um den Brauch, den Frazer „als zwei verschiedene Sitten, welche sich um die Geburt gruppieren", auffaßt. „Die eine, enthaltend eine strikte Diät und Verhaltungsmaßregeln des Vaters, dient dem Wohle des Neugeborenen und beruht auf der natürlichen Sympathie zwischen Vater und Sohn. Die andere ist eine Nachahmung der Geburt durch den Mann zum Zwecke der Erleichterung der Kinderbettschmerzen der Frau mittels Übertragung." Also ist die kreißende Frau gesund und schmerzenfrei, krank ist der Mann der Gebärenden! Die Frau, die eben ein Kind geboren hat, steht auf und geht auf die Arbeit, als ob nichts vorgekommen wäre, der Mann aber bleibt zu Bett, hält Diät, hat wirkliche Schmerzen und erwirbt solche dadurch, daß Freunde ihm unzählige Stiche und Schnitte in die Haut machen und die Wunden mit Pfeffer verreiben. Fastenmaßnahmen, wie Enthaltsamkeit von Bananen und Kokosnüssen, werden darum vorgenommen, da sonst das Kind im Mutterleibe geschädigt werden könnte usw. Besonders ist es die psychoanalytische Literatur, die sich neuerdings mit den Erscheinungen des Männerkindbettes beschäftigt und sie auf „Vergeltungsfurcht" zurückführt. Andere Autoren betrachten die Couvade vom Standpunkte des Vater- und Mutterrechts (Bachofen, Lubbock, Reitzenstein im HWB. d. SexWiss.).

In der Tierwelt ist Scheinträchtigkeit, also der Symptomenkomplex der Trächtigkeit beim Fehlen des Fötus, sehr vielfach beobachtet worden. Pferd und Rind (Redlich), Mutterschweine (Cattani), Ziegen (Vageler), Dasyurus (Keller), Hunde usw. wiesen das Phänomen der Scheinträchtigkeit auf. Besonders oft tritt die Scheinträchtigkeit bei Hündinnen auf, und die meisten Beobachtungen, die in der Literatur über die Scheinträchtigkeit niedergelegt sind, betreffen diese Tiere.

Gewöhnlich ist es in der Brunstzeit, wenn die Befruchtung nicht stattgefunden oder verhindert worden ist, wo sich die Symptome der Scheinträchtigkeit: Anschwellen der Euter, Milchabsonderung, Zusammentragen von Material zum Nestbau, Veränderungen an den äußeren Geschlechtsteilen, Schleimabsonderung aus der Vagina usw. einstellen. Alle diese Symptome der Pseudolaktation, wie die Scheinträchtigkeit seit alten Zeiten her bei den Autoren genannt wird, gehen sehr oft stürmisch vor sich, und Übele erwähnt bei scheinträchtigen Hündinnen das Vorkommen von Convulsiones puerperales, von echten Eklampsieanfällen, die sich dann einstellen, wenn die Geburt eintreten sollte.

Demnach werden wir annehmen müssen, daß die Brunst allein bei einer gewissen Überempfindlichkeit eines Tieres die Symptome der

Trächtigkeit auslösen kann.[1]) Die Brunst, die als natürliche Folge die Begattung und die Trächtigkeit haben sollte, scheint unter gewissen Bedingungen die Begattung überspringen zu können und kraft der ihr innewohnenden Energie, mit Hilfe der eingetretenen hormonalen Veränderungen im Organismus, das Bild der Scheinträchtigkeit zu gestalten.

Wir werden noch den Mutterschaftsinstinkt der Tiere, der in der Brunstzeit die Höhe seiner Entwicklung erreichen mag und nach unwiderstehlicher Befriedigung strebt, der Ausbildung der Symptome der Scheinträchtigkeit beschuldigen müssen. Jener Instinkt scheint bei Tieren stärker als bei Menschen zu sein, wo die Gesellschaft und die gesellschaftlichen Verhältnisse der Frau den Instinkt der Mutterschaft leicht verdrängen, und derselbe anderweitig befriedigt wird. Beim Tier hingegen ist der Instinkt der Mutterschaft viel enger verknüpft mit der Geschlechtlichkeit und trägt einen viel mehr gebieterischen Charakter als beim Menschen, so daß er allein starke Veränderungen im Sinne einer Scheinträchtigkeit herbeiführen kann.

Man beobachtet oft bei Hühnern, daß sie, wenn sie nicht zum Ausbrüten von Küchlein zugelassen werden, sie zwar fortsetzen. Eier zu

---

[1]) Wiesner hingegen will bewiesen haben, daß die Scheinträchtigkeit allen Säugetieren ohne Ausnahme eigen und somit ein physiologischer Prozeß in allen Fällen, wo während und unmittelbar nach der Brunst keine Befruchtung stattgefunden hat, sei. Die Scheinträchtigkeit wäre Ersatz der zweiten Phase des Sexualzyklus, der reproduktiven Phase (Periode der Trächtigkeit). Die erste Phase des Sexualzyklus, die Brunst, ist die sexuelle Phase. Wörtlich heißt es bei Wiesner in seinem Vortrage: „Über Sexualzyklus, Brunst und Scheinschwangerschaft“ (Verhandlungen des I. internationalen Kongresses f. Sexualforschung, Bd. 2, A. Marcus und E. Webers Verlag 1928): „Ich habe nun früher die These aufgestellt und bewiesen, daß die Scheinschwangerschaft eine bei allen Säugern regelmäßig vorkommende Phase des Sexualzyklus darstellt und daß sie im Wesen der reproduktiven Prozesse des weiblichen Organismus zutiefst begründet sei.“

Wo und wie Wiesner dies bewiesen hat, ist dem Vortrage nicht zu entnehmen. Doch scheint er die Scheinträchtigkeit der Tiere, wie er sie versteht, nicht weiter als über den Uterus auszudehnen. Es wäre sehr leicht, Wiesner beizustimmen, wenn er sagt: „Der Uterus bereitet sich nach jeder Ovulation auf die Entwicklung (Schwangerschaft) vor, er verhält sich so, als ob er für ein Ei zu sorgen hätte. Manchmal ist dies der Fall, dann tritt echte Schwangerschaft ein. Manchmal ist dies nicht der Fall, dann setzt je nach der Tierart der Uterus verschieden lange seine Präparationen fort, es kommt zu einer mehr oder weniger intensiven Scheinschwangerschaft. Aber bei allen Säugetieren — bei allen! — verhält sich zunächst der Uterus so, als wäre das Tier geschwängert, bei allen ist die Scheinschwangerschaft vorhanden, das heißt, es benimmt sich der Uterus so, als hätte er für ein Ei zu sorgen.“ Weiter aber ist folgendes zu lesen: „Aber es dauert bei verschiedenen Arten verschieden lange, bis er (s. der Uterus) im Falle ausgebliebener Befruchtung auf seinen Irrtum draufkommt. So macht die Hündin eine fast ebensolange wie die echte Schwangerschaft währende Pseudogravidität durch, an deren Ende sie von Wehen befallen wird, Milch zu sezernieren beginnt und tote Gegenstände oder kleine Tiere auf ihr Lager schleppt, um sie gleich Jungen zu betreuen“.

Ich glaube, daß nur Fälle, wie der letztbeschriebene, und andere ähnliche Fälle als Scheinträchtigkeit betrachtet werden dürfen und nicht sämtliche Fälle, wo nur Änderungen am Uterus im Sinne einer Vorbereitung auf die Schwangerschaft gefunden werden. Fälle von Scheinträchtigkeit aber, wo der letztbeschriebene Symptomenkomplex besteht, sind im Tierreich wohl nicht so häufig und können nicht als physiologisch gelten. In solchen Fällen haben wir es bestimmt mit einer krankhaften Überempfindlichkeit des Tieres, sehr wahrscheinlich mit einer krankhaften Reaktion auf gewisse hormonale Einwirkungen während und nach der Brunst, die zu der Scheinträchtigkeit führen, zu tun. Vielleicht wirkt noch dabei psychisch der gesteigerte Instinkt der Mutterschaft, von dem weiter die Rede ist.

legen, gewinnen aber ganz das Aussehen von Hühnern, die Eier brüten, indem ihr Gefieder sich auflockert und „aufgedonnert" wird, die Hühner so den doppelten Umfang gewinnen, langsam in ihren Bewegungen werden und gurren und gackern wie echte Gluckhennen. Diese Hühner, wie wir beobachten konnten, stehlen oft die gelegten Eier, indem sie sich geheim im Heu ein Nest bauen, daselbst die Eier legen und brüten wollen. Wir fanden solche Hühnernester mit 15—20 Eiern, die zum Teil angebrütet waren.

Bei den Hühnern ist es zu klar, daß der Instinkt der Mutterschaft oder der Wunsch, Eier zu brüten jene Körperveränderungen bedingt, die aus dem Huhn die Gluck- oder Bruthenne macht. So muß es auch bei allen brünstigen Tieren sein, die ausgesprochene Scheinträchtigkeit aufweisen. Daß es dabei bei den Tieren auf den Instinkt der Mutterschaft ankommt, ist leicht aus folgendem Fall von Emil Raitsitz zu urteilen.

Eine $1^1/_2$jährige Rattlerhündin war brünstig und wurde nicht begattet. Die Hündin hat in Abwesenheit ihres Besitzers zwei Katzenjungen „adoptiert". Ihre Euter schwollen an und sonderten Milch ab und sie säugte die kleinen Kätzchen. Sie betrachtete und behandelte die Kätzchen so, als ob es ihre eigenen Jungen wären. Wollte man sich der Hündin, während sie die Jungen säugte, nähern, so knurrte sie und nahm feindliche Gebärden an. Nahm man die Kätzchen weg, so winselte die Hündin aufgeregt und suchte überall die Kätzchen.

Über den Instinkt der Mutterschaft als auslösendes Moment der Scheinträchtigkeit dürfen wir nicht gehen. Die hormonalen Veränderungen, die die Brunst mit sich bringt, und die etwas an die während der Schwangerschaft anklingen, werden durch den unbändigen Instinkt der Mutterschaft sensibilisiert, und ausgesprochene Zeichen der Scheinträchtigkeit treten auf.

Diese Erklärung der Scheinträchtigkeit dürfte genügend sein. Jedenfalls müssen wir von der „Hysterie", die Vageler, Lamer und Guillebeau für die Scheinträchtigkeit der Tiere verantwortlich machen wollen, absehen. Auch ist es uns unmöglich, von Einbildung und eingebildeter Trächtigkeit bei Tieren zu sprechen, da wir unter Einbildung eine psychische Funktion verstehen, die kaum bei Tieren vorkommen dürfte. Über einfache Assoziationen und Erinnerungen geht die Intelligenz der Tiere wohl nicht hinaus, die Einbildung setzt aber eine hohe Intelligenz voraus, die sich ihrer, um höhere geistige Erwerbungen zu machen, bedient. Die Tiere haben bestimmt keine höheren geistigen Interessen, und wir brauchen schon aus diesem Grunde eine problematische Einbildung bei ihnen nicht anzunehmen.

Die meisten Autoren: de Bruin, Wedemayer, Cattani, Graf Spee, Heape, Übele, Zschokke, Starling, Rievel, Zietzschmann usw. sehen von Hysterie und Einbildung bei Tieren völlig ab. Kehrer, Albrecht, Robert Meyer und Karl Keller setzen die Scheinträchtigkeit in Abhängigkeit von dem in den Eierstöcken gebildeten und ins Blut übergegangenen Lutein. Albrecht nimmt an, daß bei der Scheinträchtigkeit ein Corpus luteum von derselben Dauer wie bei der Schwangerschaft zur Entwicklung kommt. Die Stoffe, hauptsächlich Luteine, die bei der Rückbildung des Corpus luteum frei werden, sollen die Erscheinungen der Laktation bedingen.

Kehren wir nun wieder zu der eingebildeten Schwangerschaft der Frau zurück, um festzustellen, ob dieselbe phylogenetisch von der Scheinträchtigkeit der Tiere abgeleitet werden kann.

Wir glauben, daß Scheinträchtigkeit und Scheinschwangerschaft ihrem Wesen nach eine und dieselbe Erscheinung seien. Nicht nur physiologisch handelt es sich ungefähr um ein und dasselbe Phänomen, sondern selbst psychologisch sind Scheinschwangerschaft und Scheinträchtigkeit nahe verwandt.[1]) Den Instinkt der Mutterschaft, der bei der Scheinträchtigkeit eine so große Rolle spielt, finden wir bei der Frau in dem unüberwindlichen Wunsch, ein Kind zu haben, wieder. Daß die Kindsucht der Scheinschwangeren ein nach menschlichen Verhältnissen umgestalteter Instinkt der Mutterschaft sei, braucht ja nicht bewiesen zu werden. Jeder sieht es leicht ein. Nur sieht es bei den Menschen nicht so einfach wie bei den Tieren aus, weil sich das psychische Leben beim Menschen unvergleichlich komplizierter als bei den Tieren gestaltet. Und so ist auch die eingebildete Schwangerschaft der Frau, so verwandt sie auch phylogenetisch mit der Scheinträchtigkeit ist, doch durch ihre vielseitig komplizierten Erscheinungen so anders gestaltet als die Scheinträchtigkeit, daß sie mit der Scheinträchtigkeit der Tiere auch in ihren elementarsten Erscheinungen nicht verglichen werden kann. Die komplizierten Lebensverhältnisse des Menschen, die sittlichen, ökonomischen und die anderen sozialen Momente, die in jeder Angelegenheit beim Leben in der menschlichen Gesellschaft in Frage kommen, die äußerst komplizierte Gestaltung der menschlichen Psyche, die leicht zu verwickelten pathologischen Zuständen bei den geringsten Störungen geben, das alles macht auch im speziellen Falle der Scheinschwangerschaft diese Erscheinung so mannigfaltig, daß sich die klinischen Bilder, die uns die Scheinschwangerschaft bietet, nicht einmal in 2—3 Gruppen zusammenfassen lassen. Unsere Aufgabe wird nun sein, die klinischen Bilder der eingebildeten Gravidität zu zeichnen und voneinander abzugrenzen.

---

[1]) Wiesner führt aus, daß die Affen, der Mensch und die Kaninchen allen anderen Säugetieren gegenüber in bezug auf den Sexualzyklus ein anderes Verhalten aufweisen. Es fehlt bei ihnen die sexuelle Phase (Brunst, Oestrus) des Zyklus. Der Sexualzyklus des Menschen wäre nur in dem allerersten Stadium, d. h. in der Proliferationsbewegung und dem hyperämischen Stadium dem Brunstzyklus, in seinem typischen Aufbau aber der zweiten Phase gleichzusetzen. Er identifiziert weiter Prämenstruum und Schwangerschaft. All diese Feststellungen können natürlich nicht daran hindern, Scheinschwangerschaft und Scheinträchtigkeit als im Grunde gleiche Erscheinungen zu betrachten.

Was die Frage betrifft, ob gewisse Hormonextrakte die Scheinträchtigkeit einzuleiten imstande wären, so berichtet Wiesner, daß es ihm nicht gelungen ist, mit den üblichen den Oestrus auslösenden Faktoren die Scheinträchtigkeit zu erzeugen. Er fügt aber hinzu: „Freilich beweisen solche negative Versuche an sich nichts. Es mag ja an Qualitäten, Wirkungszuständen des Hormons oder anderen Nebenumständen dieser Kategorie liegen. Indessen wird es richtiger und vorsichtiger sein, so lange nicht von dem Ovarialhormon zu sprechen (wenn man die oestrusauslösenden Substanzen meint), sondern nur von einem Ovarialhormon, das die erste Phase herbeiführt, als man nicht nachweisen kann, daß wirklich ein und dasselbe Hormon die erste und die zweite Phase herbeiführt.“

B. Spezielle Psychopathologie und Klinik der eingebildeten Schwangerschaft.

1. Die Schwangerschaftstäuschung.

Die eingebildete Schwangerschaft braucht nicht unbedingt krankhaft zu sein. Es kommt unter Frauen mehr als häufig vor, daß sie sich täuschen und auf Grund beweisloser Kennzeichen, wie des zufälligen Ausfallens der Menstruation, gewisser Zustände des Übelseins (Nausea, Vomitus matutinus), hauptsächlich aber auf Grund peristaltischer Bewegungen der Baucheingeweide, die sie gern als Kindsbewegungen deuten, bei sich eine Schwangerschaft diagnostizieren und von dem Arzt die Bestätigung der Diagnose erwarten. Selbst der erfahrensten Frau, die schon mehrmals geboren hat, kann es begegnen, daß sie ohne genügenden Grund von einer Schwangerschaft überzeugt ist, hauptsächlich infolge von „Kindsbewegungen". Gewöhnlich aber lassen sich diese Frauen leicht belehren und lachen dann selbst gern über ihren Irrtum.

Die überaus große Häufigkeit des Vorkommens dieser Illusion des Schwangerseins bei Frauen, auf die auch Hofstätter[1]) wiederholt hinweist, möchten wir psychosexuell so erklären, daß die Schwangerschaft neben all den Leiden, die sie der Frau mitbringt, in den normal verlaufenden Fällen auch viel sexuelle Lust zutage fördert, die die Frauen dann gern wieder erleben möchten. Dieser Wunsch, die spezifische Wollust der Schwangerschaft wieder zu erleben, mag oft der Frau nicht ins Bewußtsein dringen, sondern sie fällt auch hier jenen vielen unbewußten sexuellen Wünschen, die so gut wie nie während des Lebens der Frau aufhören, ihre heimtückische Wirkung auf die psychophysischen Vorgänge im weiblichen Organismus auszuüben, zum Opfer. Insbesondere sind es die Kindsbewegungen, die viele Frauen sehr wollüstig empfinden, so daß sie durch diese in eine starke sexuelle Erregung geraten, und in großer sexueller Freude laufen sie zu ihrem Manne, dem sie unter unzähligen Küssen und Liebkosungen von den Kindsbewegungen erzählen. Wir erinnern uns an eine Schweizerin, die außerordentlich wollüstig die Kindsbewegungen im Mutterleibe zu empfinden pflegte und aus lauter sexueller Freude und Aufregung nicht wußte, was sie tun soll, wenn „s' chline chrebblet" (wenn der Kleine im Bauche herumkribbelt). Sie „loste" (horchte) dann immer wieder auf die Kindsbewegungen, um wieder einmal die eigenartige sexuelle Wollust, die die Kindsbewegungen begleitet, zu erleben . . .

Die allermeisten Fälle der Schwangerschaftstäuschung bekommt der Arzt nur selten zu Gesicht, denn die Frauen lernen schnell selbst ihre Täuschung zu korrigieren. Wer aber viel im Volke lebt und verkehrt, der hört oft auch ältere Frauen, echte Matronen, die

[1]) „Die enorme Häufigkeit der eingebildeten Schwangerschaft, auf die ich bereits in den Beiträgen zur gerichtlichen Medizin (herausgegeben von Prof. Dr. A. Haberda [Wien]), Bd. V, 1922, hingewiesen habe, und die auf den ersten Blick überraschende Leichtigkeit, wie dieser Wahn zustande kommt, muß dem Arzt, Psychologen und Juristen klar sein. Diagnosen, Ansichten und gar Urteile sind nur mit äußerster Vorsicht gestattet" (Hofstätter).

schon mehrere verheiratete Kinder haben, lustig darüber erzählen, wie sie „Kindsbewegungen" im Leibe empfinden, obwohl sie sich weit jenseits des Alters befinden, wo sie noch schwanger werden könnten. Dabei erzählen sie über ihre illusorisch erlebten Kindsbewegungen mit einem solchen Mienenspiel und mit so auffallenden Gebärden, daß man ohne weiteres an ihrem Gesicht ablesen kann, wie ihnen die ganze Geschichte eine große Freude macht, und sie sich gern der Illusion, sie hätten Kindsbewegungen, ergeben.

Kommt ein Fall von Schwangerschaftstäuschung zum Arzt, so hat er nicht viel mehr zu tun, als die richtige Diagnose zu stellen und der Patientin mitzuteilen. Die Patientin nimmt gewöhnlich die Diagnose ruhig an, lacht, wie wir schon erwähnten, über ihren Fehler und dankt dem Arzt für seine Bemühungen.

2. Graviditas spuria psychoneurotica ex sterilitate.

(Die eigentlich eingebildete Schwangerschaft.)

Die Fälle der Graviditas spuria psychoneurotica ex sterilitate rekrutieren sich gewöhnlich unter den sterilen, unfruchtbaren Frauen, die um jeden Preis mal ein Kind haben möchten, die aber dennoch das psychische Gleichgewicht noch nicht so weit verloren haben, daß die Sterilität Quelle einer ernsten psychischen Störung geworden ist.

Gewöhnlich ist es die Menstruation, genauer Unregelmäßigkeiten und Ausfallen der Regel, die bei der das Kind begehrenden unfruchtbaren Frau die Hoffnung, die so heiß ersehnte Schwangerschaft sei endlich doch eingetreten, weckt, und die Frau malt sich in ihrer Phantasie das Bild der Schwangerschaft, ihr künftiges Mutterglück aus, bis sie sich schließlich einbildet, wirklich schwanger zu sein. Die Autosuggestion der Frau bedarf aber einer Unterstützung. Die Frau fühlt den Drang, den anderen — Bekannten und Verwandten — von ihrer Schwangerschaft zu erzählen und wird natürlich von der Umgebung, die ihrer Suggestion unterliegt, gern in ihrem Glauben gestärkt. Nun möchte noch die Frau die Autorität des Arztes hinter sich haben und geht zu ihm, um von ihm die absolute Gewißheit der bei ihr bestehenden Schwangerschaft zu holen. Dabei ist die Autosuggestion der Patientin meist noch nicht so stark und könnte noch leicht überwunden werden, wenn der zu Rate gezogene Arzt sofort die richtige Diagnose stellen würde. Aber leider kommt es oft vor, daß der Arzt den Irrtum der Frau über ihre vermeintliche Schwangerschaft wegen des sicheren Auftretens der Frau und eigener Zweifel nicht klar festzustellen wagt und damit die Frau in ihrer Autosuggestion bestärkt. Die Frau, durch die Autorität des Arztes versichert, wird in ihrem Glauben, sie sei schwanger, nun völlig gewiß, und es wird dann, je länger die Überzeugung der Frau besteht, um so schwerer, sie von der Idee der bestehenden Schwangerschaft abzubringen. Da in Fällen solcher suggestiven, eingebildeten Gravidität objektive Zeichen der Schwangerschaft: Ausfall der Menstruation, stärkere Pigmentierung des Warzenvorhofes, Pigmentierung der Linea alba, Kolostrumabsonderung, Chloasma uterinum, Vergrößerung des Bauchumfanges und in besonders seltenen Fällen selbst hörbare Herztöne des Kindes(!) bestehen, so ist es begreiflich, daß der Arzt bei der Schwierigkeit der bimanuellen Untersuchung in seiner

Diagnose nicht sicher ist und die Frau ihrer Überzeugung einer bei ihr bestehenden Schwangerschaft nicht leicht berauben kann. In solchen Fällen muß die Untersuchung in der Narkose unternommen werden, damit auch der letzte Zweifel behoben wird. Erst dann kann der Arzt erfolgreich die eingebildete Schwangerschaft bekämpfen.

Die reine autosuggestive Gravidität ist, wie es scheint, eine große Seltenheit. Erst die vom Arzt ausgehende Suggestion, die Vermutung der Patientin, sie sei schwanger, bestehe zu Recht, verstärkt die Autosuggestion der Kranken und bewirkt den Fortgang des krankhaften Prozesses. Merkwürdig genug, daß die sterilen Frauen, die in ihrer Autosuggestion unterstützt sein wollen, sich so gut wie nie an einen Facharzt wenden, sondern einen praktischen Arzt oder die Hebamme aufsuchen, die gern die Frau bei ihrem Wahn belassen, da sie selbst von ihr beeinflußt werden. In den vier Fällen von eingebildeter Gravidität, die wir hier folgen lassen, war die Gravidität den Kranken nicht zum kleinen Teil von dem behandelnden Arzt suggeriert, der einmal ein kindskopfgroßes Fibromyom des Uterus für einen schwangeren Uterus ansah, in den anderen Fällen waren es sonstige unbedeutende Schwangerschaftssymptome, die auch ohne Schwangerschaft bestehen können, die zu einer Fehldiagnose führten.

Fall I. M. M., 33 Jahre alt, kommt und erklärt, sie sei im 6. Monat der Schwangerschaft und möchte wissen, wann sie gebären wird, und ob das Kind in einer normalen Lage im Utero liegt.

Die Anamnese ergibt, daß die Eltern der Pat. gesund waren. Der Vater starb, 65 Jahre alt, an Herzschlag, die Mutter ist noch am Leben. Pat. ist als drittes Kind geboren worden. Ihre zwei Schwestern leben und sind vollkommen gesund; haben Kinder. Pat. selbst überstand als Kind Masern, sonst war sie immer gesund und entwickelte sich normal. Mit 13 Jahren stellten sich die Menses ein, regelmäßig alle 4 Wochen, 2—3 Tage lang, nicht profus und ohne Schmerzen. Heiratete mit ihrem 20. Lebensjahre. Nach der Heirat haben sich die Menstrualblutungen verstärkt, sie dauerten 4—5 Tage und die Menge des verlorenen Blutes war jedesmal bedeutend reichlicher als vor der Heirat. Hatte keine Kinder, auch waren bei ihr keine Aborte. Überhaupt hatte Pat. nie zu klagen und suchte vor 6 Monaten einen Arzt auf, weil bei ihr unerwartet die Menses zessierten. Bemerkt dabei, daß ungefähr seit $1^1/_2$ Jahren bei ihr die Menses ihren gewöhnlichen Charakter änderten: verminderten sich bedeutend, dauerten zuerst 2—3 und dann 1—2 Tage, verlor dabei weniger Blut, bis die Menses vor 6 Monaten ganz ausgeblieben sind. Pat. freute sich darüber, in der Überzeugung, daß sie schließlich gravid geworden sei und nun schließlich das lang erwartete, heiß ersehnte Kind haben wird. Der Arzt, den sie aufsuchte, um Rat zu holen, bestätigte ihre Vermutung und sagte ihr, sie sei in der 6. Woche der Schwangerschaft. Sie konsultierte dann den Arzt allmonatlich, wobei dieser jedesmal einen normalen Verlauf der Schwangerschaft, an der Pat. gar nicht zweifelte, feststellte. Im 5. Monat der Schwangerschaft will sie deutliche Kindsbewegungen gefühlt haben, wobei diese nachts besonders intensiv waren, so daß sie zeitweise Pat. aus dem Schlafe störten. Die letzte Zeit ist sie beleibter geworden, besonders hat der Bauchumfang zugenommen.

Der Mann soll den Angaben der Pat. nach vollkommen gesund sein. Er ist 3 Jahre älter als sie. Heiratete aus Liebe, liebt auch jetzt den Mann sehr und ist von ihm geliebt. Das Geschlechtsgefühl entwicklete sich bei Pat. langsam. Erst 3 Jahre nach der Heirat fing sie an, beim Koitus Wollustempfindungen zu haben. Zurzeit ist Pat. mit ihrem Geschlechtsgefühl zufrieden, war aber eigentlich nie leidenschaftlich. Hat nie Mittel gebraucht, um die Schwangerschaft zu verhüten. Umgekehrt, der Gedanke, ein Kind zu haben, verfolgte sie seit dem ersten Tag der Heirat und blieb auch jetzt ihr einziger, sie immer beschäftigender Wunsch.

Pat. ist von einem helleren Dunkelblond, von gutem Körperbau, die Schicht des Unterhautfettzellgewebes bildet ein dickes Fettpolster, die Schleimhäute normal verfärbt. Herz-, Atmungs- und Harnorgane ohne Befund. Der Darmtraktus soll etwas träge arbeiten, oftmals wird sie von Gasen gequält.

Die Brüste sind gut entwickelt, etwas herabhängend. Die Pigmentation der Brustwarze und des Warzenhofes gut ausgesprochen. Die Montgommeryschen Drüschen heben sich als ein Kränzchen weißlicher Punkte auf einer dunkelpigmentierten Areola gut ab. Durch eine bedeutende Fettschicht lassen sich die einzelnen Läppchen des Drüsenparenchyms abtasten. Bei einem leichten Streichen der Brüste gegen die Brustwarzen erscheint eine ziemlich große Menge einer trüben, grauweißen Flüssigkeit (Kolostrum).

Bei der Inspektion des Bauches fällt eine starke Pigmentation der Linea alba auf. Der Bauch, mit einem dicken Fettpolster versehen, ist etwas aufgebläht. Weder durch Perkussion, noch durch Palpation gelingt es, den Uterus zu finden.

Die äußeren Geschlechtsorgane sind gut entwickelt. Außer der starken Pigmentation der kleinen Labia und einer weiteren als gewöhnlich Öffnung der Urethra ist nichts Besonderes zu vermerken. Der Introitus vaginae ist etwas zyanotisch verfärbt. Bei der bimanuellen Untersuchung stellt sich heraus, daß sich der Uterus im Anteflexio versio befindet, nicht groß, hypotrophisch mit einer konischen Cervix und gut beweglich. Die Adnexe sind normal, mit Ausnahme der r. Ovariums, das herunterhängt und etwas vergrößert ist. Da die schwer nachgiebige Bauchwand und das bedeutende Fettpolster die Untersuchung erschwerte, wurde dieselbe in Narkose ausgeführt.

Als ich der Kranken das Resultat der Untersuchung mitteilte, war sie tief erschüttert und machte einen hysterischen Anfall durch. Sie weinte bitter, schluchzte laut und konnte sich mehr als eine halbe Stunde nicht beruhigen.

Ich beobachtete die Pat. noch 4 Monate lang. 2 Wochen nach der ersten Untersuchung trat die Menstruation ein, die 2 Tage dauerte und nur wenig Blut zutage förderte. Seitdem menstruiert Pat. regelmäßig alle 4 Wochen, verliert aber, wie das erstemal nach der Untersuchung nur wenig Blut. Kolostrum sonderte sich noch 1 Monat lang ab, dann verschwand es. Übrigens waren keine merklichen Änderungen im Zustande der Pat. eingetreten, abgesehen von einer leichten psychischen Depression, die sich langsam bessert.

Fall II. A. K., 33 Jahre alt. Erklärt in der Sprechstunde, sie sei schwanger und möchte wissen, wann sie die Entbindung zu erwarten habe.

Pat. gibt an, daß sie einer gesunden Familie entstamme, die Eltern leben noch. Fing mit 13 Jahren an zu menstruieren; die Menses stellten sich plötzlich ein, waren heftig, mit Schmerzanfällen im Unterbauch und im Kreuz, traten unregelmäßig auf, alle 2—3 Wochen. Nach der Heirat stellen sich die Menses regelmäßiger ein, gewöhnlich alle 23 Tage, die Schmerzen sind aber nicht verschwunden, traten wie vorher anfallsweise im Unterbauch und Kreuz auf. Amenorrhöe bestand nie. Überhaupt, seitdem Pat. sich an sich selbst erinnern kann, litt sie nie an einer ernsten Krankheit. Als Kind hatte sie nur Masern zu überstehen. Mit 20 Jahren heiratete Pat. Der Mann ist gesund, 3 Jahre älter als die Pat. Pat. hatte nie Ausfluß, letzte Jahre merkte sie unbedeutenden Ausfluß vor der Menstruation. Das Urogenitalsystem weist nichts Abnormes auf. Gibt an, daß sich bei ihr die letzte Zeit die Neigung zu Verstopfungen eingestellt hat. Das Geschlechtsleben war immer normal gewesen. Sie habe nie Vorbeugungsmittel angewendet. Wiederholt hat sie Ärzte wegen ihrer Sterilität befragt. Im Jahre 1919 hat man bei ihr eine Dilatation der Zervix vorgenommen. Sie war einverstanden, sich einer beliebigen Operation zu unterwerfen, da sie sich wegen ihrer Unfruchtbarkeit sehr unglücklich fühlt. Vor 6 Monaten trat bei ihr Menopause ein. Sie suchte einen Arzt auf, der ihr zu ihrer großen Freude erklärte, sie sei in der 7. Woche der Schwangerschaft. Zwei Wochen später stellte sich bei ihr eine Genitalblutung ein, die 2 Tage dauerte. Sie erschrak darüber heftig und zog einen Arzt zu Rate, der sie ins Bett steckte. Die weitere Beobachtung bewies, daß die Schwangerschaft unter der Blutung nicht gelitten hat und entwickelt sich normal weiter, da der Arzt eine Vergrößerung der Gebärmutter vorgefunden hat. Aber 4 Wochen später stellte sich bei Pat. wieder eine Genitalblutung von der Dauer von 2 Tagen ein. Sie beriet ihren Zustand mit einigen anderen Ärzten und dieselben stellten fest, daß sie schwanger sei und die Schwangerschaft normal verläuft. Sie selbst hat daran nicht gezweifelt, denn sie stellte bei sich selbst eine Vergrößerung des Bauchumfanges und der Brüste, die sehr empfindlich geworden sind, fest. Ungefähr im 5. Monat fühlte sie Kindsbewegungen, fühlt sie auch jetzt noch deutlich. Die ersten 2 Monate hatte sie morgens starke Nausea, es war auch Erbrechen da, besonders Vomitus matutinus. Ihr Geschmack hat sich stark verändert. Ihre geliebten Speisen kann sie jetzt nicht einmal ansehen, denn sie ekeln sie an. Hat jetzt saure und scharfe Speisen gern, besonders Liebesapfel, die sie vor der Schwangerschaft ohne Ekel nicht ansehen konnte. Die Genitalblutungen treten noch immer regelmäßig alle 4 Wochen auf.

Der objektive Befund. Pat. ist von kräftigem Knochenbau und befriedigenden Ernährungszustand. Die Mammae gut entwickelt, die Brustwarzen sind leicht erregbar. Bei energischem Druck wird eine unbedeutende Menge Kolostrum zutage gefördert. Die Nierenregion ist nicht schmerzempfindlich. Der Harn ist normal. Die Herzgrenzen sind normal, die Herztöne rein, Puls 86. An den Lungenspitzen sind feuchte Rasselgeräusche zu hören. Der untere Teil des Bauches ist gewölbenartig vergrößert, die Bauchwand stark durchfettet. Bei der Perkussion sind die Grenzen des dumpfen Schalles durch eine unregelmäßige, bogenartige Linie, die mit ihrer Konvexität nach oben gerichtet ist, gegeben, unten geht der dumpfe Schall der Linea alba und mammillaria entlang, verliert sich im kleinen Becken, ohne irgendwo von tympanitischen Schall unterbrochen zu werden. In den beiden Ileo-inguinalen Regionen ist tymponitischer Schall vernehmbar. Im Gebiet des dumpfen Schalles ist eine Geschwulst abzutasten, deren obere Grenze den Nabel erreicht. Die Geschwulst fühlt sich fest an, ist schmerzlos und beweglich. Bei der bimanuellen Untersuchung fühlten sich die unteren Konturen der Geschwulst im hinteren Gewölbe und bilden ein regelmäßiges Segment, das hart, glatt, schmerzlos und allen Bewegungen, die ihr von den Bauchdecken aus oder unmittelbar von der Zervix mitgeteilt werden, nachgibt. Die äußeren Geschlechtsorgane weisen nichts Abnormes auf, die Verfärbung der Schleimhaut ist hellrosa. Das Orificium externum ist von grubenartiger Form, ist mehr nach rechts hinten gewendet, der vaginale Teil ist etwas vergrößert und zyanostisch verfärbt. Die feste Zervix des Uterus geht in ihren oberen Teilen unmittelbar in die Geschwulst über, die in den Gewölben durchzufühlen sind. Die Diagnose lautet, Myoma submucosum. Der Kranken war das Resultat der Untersuchung mitgeteilt und eine Operation vorgeschlagen.

10. IV. 24 war unter allgemeiner Äther-Chloroformnarkose eine supravaginale Amputation des Uterus vom Abdomen aus ausgeführt. In der Uterushöhle befand sich ein submuköses Fibromyom von der Größe eines Kindkopfes.

Fall III. M. N., 36 Jahre alt. Ist seit 14 Jahren verheiratet, hat keine Kinder. Erklärt, sie sei schwanger, wie sie glaubt, im 7. Monat und möchte wissen, ob die Geburt bei ihr normal verlaufen wird. Menarche mit 14 Jahren. Pat. entwickelte sich normal. Weder in der Kindheit, noch später litt sie an Krankheiten. Heiratete aus Liebe. Schwärmte immer von einem Kinde, wurde aber nicht schwanger. Befragte oft die Ärzte darüber. Vier Jahre nach der Heirat wurde bei ihr eine Dilatation der Zervix und eine Auskratzung ausgeführt. Diese Maßnahmen haben aber zu nichts geführt. Seit 7 Monaten Cessatio mensuum. Im Glauben, sie habe schließlich empfangen, befragte sie die Hebamme. Diese bestätigte ihre Vermutung, da sie die Gebärmutter vergrößert fand. Im 5. Monat will sie zuerst Kindesbewegungen verspürt haben. Mammae und Abdomen haben sich bei ihr bedeutend vergrößert. In den ersten 3 bis 4 Monaten starke Nausea und Erbrechen, besonders morgens. Zurzeit fühlt sie sich gut.

Pat. ist von kräftigem Körperbau und hat ein gut entwickeltes Fettpolster. Große, herunterhängende Brüste, in denen deutlich das Parenchym der Drüsen durchzufühlen ist. Die Brustwarzen tief pigmentiert, keine Kolostrumabsonderung. Ein großer Bauch mit viel Fett enthaltender Bauchwand. Die äußeren Geschlechtsteile sind normal. Der Uterus ist klein, atrophisch in Retroposition. Sonst keine Abweichungen von der Norm. Pat. fing 2 Monate später wieder zu menstruieren an, alle 3 Wochen 2—3 Tage, wie es immer vorher war.

Fall IV. N. J., 32 Jahre alt. 10 Jahre in der Ehe, kinderlos. Pat. erklärt, sie sei im 5. Monat der Schwangerschaft und möchte sich einer Untersuchung unterwerfen, um zu erfahren, ob die Schwangerschaft normal verlaufe. Menarche mit 16 Jahren regelmäßig alle 4 Wochen, 3—4 Tage lang, immer von so starken Schmerzen eingeleitet und begleitet, daß sie manchmal während der Periode das Bett hüten mußte. Weder in der Kindheit, noch nach der Heirat litt Pat. an ernsten Krankheiten. Nach der Heirat ging es mit den Menstruationsschmerzen besser, wenn sie auch nie bis auf die Gegenwart ganz verschwunden sind. Heiratete mit 22 Jahren, wurde nie schwanger, obwohl sie sehr ein Kind begehrt. Wiederholt wendete sich Pat. an verschiedene Ärzte mit der Frage wegen ihrer Unfruchtbarkeit, bekam dabei die Antwort, daß bei ihr eine Entwicklungshemmung der Gebärmutter vorliege und sie kaum je gebären wird. Die Periode hat nach der Heirat im allgemeinen ihren Typus nicht gewechselt, ist aber die letzten Jahre bedeutend schwächer geworden und dauert bloß 1—2 Tage. Ungefähr zu gleicher Zeit nahm der Leib bedeutend an Umfang zu. Die letzte Periode trat am 20. Juni 1920 auf. (Jetzt ist der 10. XII. 1920.) Sie befragte darüber einen Arzt, der die Vermutung aussprach, es könnte sich um eine Schwangerschaft handeln und 2 Wochen später bei einer nochmals vorgenommenen Untersuchung wurde dem Arzt seine Vermutung zu einer Gewißheit. Pat. selbst war von ihrer Schwangerschaft überzeugt, da es ihr oft morgens schlecht wurde (Nausea), die Brüste schwollen an und eine Menge anderer Erscheinungen bestärkten Pat. in ihrem Glauben, sie sei schwanger. Seit einem Monat fühlt sie Kindesbewegungen.

Pat. ist groß gewachsen, von einem festen Körperbau und hat ein dickes Fettpolster. Die Brüste sind groß, vom Typus Hängebrüste. Die Brustwarzen stark pigmentiert, bei leichtem Druck — Kolostrum. Der Bauch hat reichlich Fett im Unterhautzellgewebe. Ausgesprochener Meteorismus, pigmentierte Linea alba. Die äußeren Geschlechtsorgane normal. Kleiner, atrophischer, hypoplastischer Uterus; die Adnexe lassen sich nicht abtasten.

Gehen wir näher auf unsere Fälle ein und vergleichen wir sie untereinander, so merken wir vor allem, daß neben einigen individuellen Eigentümlichkeiten, durch die sich jeder Fall kennzeichnet, sie alle sehr ähnlich, man könnte fast sagen zum Verwechseln ähnlich sind. Es handelt sich in allen vier Fällen um Frauen, die schon mehrere Jahre in der Ehe leben, keine Kinder geboren haben und einen unüberwindlichen Wunsch haben, ein Kind auf die Welt zu bringen. In allen vier Fällen fängt die „Schwangerschaft" mit einer Cessatio mensuum, die manchmal (besonders Fall III) mit einem Climacterium praecox in Zusammenhang steht, an und diese Unterbrechung der Periode ist so gut wie die einzige Veranlassung, die sie zum Arzt oder zur Hebamme führt. Überall in unseren Fällen stellen Arzt und Hebamme die Fehldiagnose Schwangerschaft, und nun geht die „Entwickelung der Schwangerschaft" unter der Wirkung der Suggestion von Arzt und Hebamme weiter vor sich, und die Einbildung zeitigt üppige Blüten. Es stellen sich mehrere „objektive" Symptome der Schwangerschaft, die die Patientin selbst, den Arzt, Hebamme und Umgebung irre leiten. In der Tat lassen sich diese Symptome leicht erklären, und entpuppen sich bei näherer Betrachtung als Erscheinungen, die am wenigsten mit Schwangerschaft zu tun haben und die nur eine lebhafte Einbildungskraft bei einer ausschließlichen Einstellung der Psyche auf Schwangerschaft als Schwangerschaftssymptome deuten kann. Es bildet sich bei einem zufälligen Zusammenstoßen von Erscheinungen (z. B. Ausfallen der Menstruation bei Vorhandensein eines kindskopfgroßen Fibromyoms im Uterus, der dann als schwangerer Uterus von dem Arzt gedeutet wird) eine Situation aus, die wir gerne als Schwangerschaftskonstellation bezeichnen. Bei einer solchen Schwangerschaftskonstellation wird die gewöhnlichste Erscheinung sofort in ein Schwangerschaftssymptom umgedeutet, und da gibt es kein Zurück mehr — die Frau ist von ihrer Schwangerschaft felsenfest überzeugt; es besteht eine typische eingebildete Schwangerschaft.

Außer dem Ausfalle der Menstruation ist es die Schwellung der Brüste, die Zunahme des Bauchumfanges und verschiedene Pigmentationen (Chloasma uterinum, Pigmentierung der Linea alba, Dunklerwerden der Warzenvorhöfe usw.), die als Zeichen der Gravidität gedeutet werden. Merkwürdig genug, daß alle diese „Schwangerschaftssymptome" auch ohne Schwangerschaft und nicht bei eingebildeter Gravidität bestehen können, und doch sind selbst die Ärzte so unvorsichtig, daß sie solche nichtssagende Erscheinungen als für eine Schwangerschaft sprechend verwenden. Tatsache ist, daß sich alle diese „Symptome" auch in der Erwartung der gewöhnlichen Menstruation, vielleicht etwas mehr latent, einstellen, was vielleicht dadurch zu erklären wäre, daß die Menstruation „praktisch als eine allmonatliche Geburt eines unbefruchteten Eies aufzufassen sei" (Snegirjow), und wir so zum Paradox gelangen, daß die Frau immer wieder „schwanger" und immer wieder „entbunden" wird, so 12mal und mehr im Jahr! Das Paradoxe ändert aber an der Tatsache nichts, und die „Objektivität" solcher Schwangerschaftssymptome, wie Schwellung der Brüste, Vergrößerung des Bauchumfanges, Pigmentationen und selbst Colostrumabsonderung ist stark anzuzweifeln.

In unseren Fällen erklärt sich die Zunahme des Bauchumfanges durch Ablagerung von Fett (Wachsen des Fettpolsters des Bauches), da sich die Frauen in ihrem Glauben, schwanger zu sein, besser als gewöhnlich nähren, jede Arbeit aufgeben und selbst Körperbewegungen meiden, indem sie die meiste Zeit zu Bett bleiben. (Das wäre natürlich nicht die einzige Ursache der Zunahme des Leibesumfanges durch Fettablagerung.) Weiterhin ist es bedeutender Meteorismus (besonders im Falle III), der den Bauchumfang vergrößert, manchmal ist es gar eine Geschwulst (Fall II), die den Bauchumfang zunehmen läßt.

Das „plötzliche" Aufhören der Menses ist bei unfruchtbaren Frauen besonders vorsichtig zu deuten und am wenigsten als Schwangerschaftssymptom zu verwenden. Die Cessatio mensuum ist bei unfruchtbaren Frauen sehr oft das Zeichen einer früh auftretenden Klimax, eines Klimakterium praecox. Gewöhnlich geht der vollständigen Cessatio mensuum eine allmähliche, bedeutende Verminderung des Menstruationsblutverlustes beim Unwohlsein (Fall I, IV) voraus, und wenn sie dann wieder beim „Aufhören der Schwangerschaft" (die ja nie bestanden hat) ihre Periode bekommen, so bleibt sie sehr schwach: der Blutverlust ist spärlich, manchmal ist es gar nicht Blut, sondern nur sehr schwach rosa verfärbter Ausfluß. Wie es scheint, tritt bei den unfruchtbaren Frauen das Klimakterium bedeutend früher auf als bei gebärenden Frauen, was mit der Verkümmerung der normalen Geschlechtsfunktionen bei den ersteren in Zusammenhang zu bringen sei. Man beobachtet übrigens bei sterilen Frauen einen atrophischen, hypoplastischen Uterus, wie es auch in unserem Fall III der Fall war, sowie andere Zeichen einer möglicherweise frühen geschlechtlichen Involution, die auf ein Klimakterium praecox hindeuten.

Das Auftreten der anderen Schwangerschaftssymptome bei der eingebildeten Gravidität ist noch weniger rätselhaft als das Ausfallen der Menses. Die berühmten Kindsbewegungen der eingebildeten Schwangerschaft sind bestimmt peristaltische Darmbewegungen, sowie Bewegungen und Kontraktionen des Uterus, die sehr leicht in Kindsbewegungen umgedeutet werden können, besonders wenn die Frauen ganz im Zeichen der Schwangerschaft stehen und überall Anhaltspunkte und Beweise für sie suchen. Die anderen Zeichen der Schwangerschaft, wie Nausea, Erbrechen, Pigmentierungen, Kolostrumabsonderung, Hyperämie der Genitalien kommen so häufig außerhalb der Schwangerschaft vor, daß sie kaum als spezifische Schwangerschaftssymptome gelten können. Viele dieser Symptome treten gar bei der Menstruation auf, wie wir es schon vorher hervorgehoben haben.

So lassen sich bei der eingebildeten Schwangerschaft alle Rätsel verhältnismäßig leicht lösen. Natürlich schließen wir die Wirkung der psychischen Momente bei der Entstehung dieser Symptome nicht aus. Die Schwangerschaftskonstellation, die Umdeutung der gewöhnlichsten

Körpervorgänge in Schwangerschaftssymptome, die psychische Stimulierung schließlich der Funktion der verschiedensten Drüsen der inneren Sekretion, wie z. B. der Funktion der Schilddrüse, die bekanntermaßen hemmend auf die Funktion des Ovariums wirkt, so daß manchmal vielleicht durch die Hyperfunktion der Thyreoidea eine Hypofunktion des Ovariums zustande kommt — all das ist ein beredter Beweis dafür, daß die eingebildete Schwangerschaft ganz und gar psychogener Herkunft sei, nur ist diese Maxime so zu verstehen, daß die psychischen Momente die somatischen Symptome der eingebildeten Schwangerschaft nicht neu schaffen, sondern sie benutzen die physiologischen Vorgänge im Organismus, um sie im Sinne der psychischen Einstellung der kindsüchtigen Frau zu deuten.

Unter unseren Fällen könnte Fall II als so gut wie reiner Fall von durch Fremdsuggestion ausgelöster eingebildeter Schwangerschaft gelten. Die Patientin befragte den Arzt wegen der Cessatio mensuum, die ihr aufgefallen ist, ohne, wie es scheint, gewagt zu haben, an eine Schwangerschaft zu glauben, da ihr die Ärzte schon längst erklärt haben, sie könne nicht gebären und wird nie gebären. Eine seinerzeit vorgenommene Dilatatio cervicis blieb ohne Erfolg. Der Arzt läßt sich durch eine Geschwulst (Fibromyoma uteri) irreleiten, und sagt der Frau, sie sei schwanger. Nun hält sich die Frau krampfhaft an der Idee der Schwangerschaft und produziert die allgemein bekannten Symptome der Gravidität. Erst unerwartete Genitalblutungen führen die Kranke zu uns und da stellen wir in der Narkose eine Geschwulst des Uterus statt der Schwangerschaft fest. Patientin stand also die ganze Zeit unter der Suggestion des Arztes, bis eine Genitalblutung dieselbe erschüttert hat. In den anderen 3 Fällen ist es die Autosuggestion unterstützt von Fremdsuggestion, die die eingebildete Schwangerschaft unterhält und nährt. In diesen 3 Fällen scheint die Autosuggestion nicht bei allen Frauen gleich gewesen zu sein. Am stärksten war die Autosuggestion im Falle I. Die Kranke konnte nicht anders denken, sie sei bestimmt schwanger, und als sie vernehmen mußte, daß sie doch nicht schwanger sei, da wurde sie schwer betroffen. Sie überstand eine starke Nervenerschütterung, die fast als hysterischer Anfall bezeichnet werden könnte. Die anderen Patientinnen erwiesen sich viel standhafter, wir glauben darum, weil bei ihnen die Auto- bzw. Fremdsuggestion nicht so fest gewurzelt habe, wie im Falle I.

3. Graviditas spuria psychoneurotica simplex.[1])

Die psychoneurotische Scheinschwangerschaft, die weder mit Sterilität noch mit Kindsucht zu tun hat, präsentiert sich hauptsächlich

---

[1]) Die Unmöglichkeit, alle Fälle der psychoneurotischen Scheinschwangerschaft in einer Gruppe unter einem gemeinsamen Terminus zusammenzufassen, zwang uns, die psychoneurotische Scheinschwangerschaft in zwei Gruppen: die vorausgehende Gruppe: Graviditas spuria psychoneurotica ex sterilate und die nun zu beschreibende Gruppe: Graviditas spuria psychoneurotica simplex einzuteilen. Dabei ist zu bemerken, daß das Eigenschaftswort „simplex" in der Bezeichnung Graviditas spuria psychoneurotica simplex nicht etwa sagen will, daß diese Art der psychoneurotischen Scheinschwangerschaft eine „einfache", nicht komplizierte Psychoneurose darstellt, sondern es will nur als unterscheidendes Merkmal gegenüber der vorausgehenden Gruppe der psychoneurotischen Scheinschwangerschaft gelten. Denn in Wirklichkeit kommt es

als eine Angstpsychoneurose, die manchmal schwer zu überwinden und zu heilen ist. Gewöhnlich handelt es sich um junge Mädchen im Alter von 15—20 Jahren, die in sexualibus sehr unerfahren sind, die Vorstellung haben, daß schon einmaliger Coitus unter allen Umständen schwängert, und das zufällige Ausfallen der Periode als das sicherste Zeichen der Schwangerschaft ansehen. Ist so ein Mädchen einem geschlechtlichen Attentat zum Opfer gefallen oder einer Verführung erlegen, so ist sie von vornherein sicher, schwanger zu sein. Die Angst vor der Schwangerschaft zwingt sie, ihre besondere Aufmerksamkeit den Genitalien und überhaupt dem eigenen Körper zuzuwenden und überall entdeckt sie nun die befürchtete Schwangerschaft und produziert sogar neurotische Symptome der Schwangerschaft. Es entwickelt sich eine typische Angstneurose, die hinter sich den Komplex der Schwangerschaft hat, und wir bekommen so oft das klinische Bild der psychoneurotischen Scheinschwangerschaft, die in dem Affekt der Angst verankert ist.

Einen typischen Fall solcher Art Scheinschwangerschaft beobachtete Marandon de Montyel[1]):

„Ein junges Mädchen hatte mit einem Manne geschlechtlich verkehrt. In den nun folgenden Tagen lebte das Mädchen in beständiger Furcht, schwanger geworden zu sein. Ängstlich beobachtete sie jede Veränderung an ihrem Körper. Die Menstruation trat zur gegebenen Zeit nicht richtig ein, und was bei ihr bisher nur Befürchtung war, wurde ihr jetzt zur Gewißheit, ja, sie fühlte sogar das Kind im Leibe. Ihre Angst stieg ins Ungeheure, und trotzdem eine Woche nach der normalen Zeit die Menstruation wiederkehrte, war die Pat. doch nicht zu beruhigen, sie war von ihrer Schwangerschaft fest überzeugt. Ihr Zustand verschlimmerte sich derart, daß sie eine Klinik aufsuchen mußte.“

Einen anderen weniger typischen hierher gehörenden Fall teilt Hofstätter (85) mit:

Josephine L., 27jährige Tochter eines Bauern, der an Epilepsie gelitten haben soll und nachweisbar an progressiver Paralyse zugrunde gegangen ist. Das Mädchen trägt am 11. VI. 1920 mehrere Milchkannen in der Nacht heimlich zur nächsten Bahnstation; dabei wird sie von einem ihr unbekannten Bauern eingeladen, auf seinem Wagen mitzufahren. In einem Gasthaus trinken beide Wein, der Bauer bis zur Berauschung. Im Walde soll er sie dann genotzüchtigt haben. Es ist dem Mädchen sofort klar, daß sie geschwängert worden ist, da sie einen Geschlechtsverkehr ohne Schwängerung für unmöglich hält. Sie erzählt jedoch niemandem von diesem Vorfall. Die Periode blieb vollständig regelmäßig vom 7.—10. VII. Am 6. VIII. kam sie in unsere Ambulanz mit der Klage über Schmerzen im Bauche rechts, sowie mit der Bitte, ihr die Schwangerschaft wegzunehmen; sie spüre schon deutliche Kindesbewegungen. Wir fanden ein ziemlich geistesschwaches, anämisches Mädchen mit beiderseitiger Apizitis. Nullipara deflorata, keine auffallende Sekretion, Portio virginell hart; Uterus anteflektiert, etwas groß, hart, frei beweglich; Adnexe und Parametrien frei. Keinerlei Zeichen von Schwangerschaft. Kolostrum nicht vorhanden. Gonokokkenbefund negativ. Wahrscheinlich Status antemenstrualis. Tatsächlich stellte sich die Periode vom 7.—9. VIII. in normaler Stärke ein. Am 13. VIII ist der Uterus eher kleiner, als normal zu tasten. Das Mädchen glaubt noch immer, gravid zu sein. Ich verordnete schon am 6. VIII. Brom

vor, daß die Graviditas spuria psychoneurotica simplex ein viel komplizierteres, klinisches Bild darbietet, als die Graviditas spuria psychoneurotica ex sterilitate. Das Adjektiv „simplex“ ist aber für die unten zu beschreibende Gruppe psychoneurotischer Scheinschwangerschaft darum mit vollem Recht in Anspruch zu nehmen, da die zwei hauptsächlichsten ätiologischen Momente der eingebildeten Schwangerschaft der Unfruchtbaren: die Sterilität und die Kindsucht hier ganz wegfallen und die Graviditas spuria psychoneurotica simplex zunächst „einfacher“ erscheint, als die vorausgehende Gruppe der Graviditas spuria psychoneurotica ex sterilitate.

[1]) Zit. nach Löchel: „Eingebildete Gravidität“, S. 31.

und Valeriana. Nächste Periode vom 3.—7. IX. Am 11. IX. kommt das Mädchen endlich zur Einsicht, daß sie wirklich nicht in der Hoffnung ist. Der Uterus ist sehr klein und hart.

Die anderen Psychoneurosen sind bei der eingebildeten Schwangerschaft schwach vertreten. Jedenfalls finden wir in der Literatur sehr wenig Angaben darüber. Es kann darum nicht als überflüssig angesehen werden, wenn wir ein seltenes eigenartiges Bild von Scheinschwangerschaft, das auf der Grenze von Psychoneurose und echter Psychose liegt, hier in allen Einzelheiten anführen. Der Fall stammt aus der psychiatrischen und Nervenklinik Kiel (Siemerling) und ist in der Inaug.-Dissert. Löchel: „Eingebildete Gravidität“ berücksichtigt worden.

Therese Mathilde Sch., geboren in Magdeburg, 36 Jahre alt, letzter Wohnsitz in Hamburg, Irrenanstalt Friedrichsberg. Ledig, evangelisch, Krankheitsdauer vor der Aufnahme 1 Jahr. Mutter und Vater nicht miteinander verwandt. Unehelich geboren. Sie ist 18 mal mit Haft vorbestraft wegen Eigentumsvergehen, Unzucht usw., 18 Monate hatte sie Korrektionshaft, sie ist bestraft 2 Jahre mit Korrektionshaft im Jahre 1901.

Körperliche Mißbildungen sind nicht vorhanden. Früher hatte Pat. Lues.

Pat. war zum ersten Male vom 9. X. bis 12. XII. 01 in Friedrichsberg (Irrenanstalt). Sie wurde behandelt wegen Delirium und Alcoholismus chronicus. Aus dem Journal ist folgendes bemerkenswert.

Therese Sch., unehelich geboren, will sonst erblich nicht belastet sein. Hat einmal geboren, hat mehrfach syphilitische Erscheinungen gehabt (steht unter sittenpolizeilicher Kontrolle).

Ist verschiedene Male wegen Delirium tremens bzw. chronischem Alkoholismus behandelt worden. Vielfach wegen Eigentumsvergehen polizeilich bestraft, desgleichen wegen gewerblicher Unzucht, ist jetzt in Fuhlsbüttel seit 5 Monaten gewesen, zur Verbüßung einer Korrektionshaft. Seit Anfang dieses Monats glaubt sie sich von der Aufseherin gereizt, hört, daß Bemerkungen über sie gemacht werden und sie beschimpft werde. Ihr Name sei gerufen worden und das habe bedeuten sollen, daß sie eine Kindesmörderin sei, die sich die Frucht abtreiben wolle. Sie sei jetzt im 7. Monat schwanger, nach ärztlicher Untersuchung besteht jedoch keine Schwangerschaft, sie fühlt sich auch durch die Beeinflussung der Aufseherin geschlechtlich gereizt. Sie nennt das „Manustrieren“.

1. X. Sehr bleiche, gut genährte Frauensperson. Rechte Gesichtshälfte im unteren Abschnitt etwas kleiner als die linke. Innervation jedoch gleichmäßig. Pupillen reagieren prompt. Zunge zittert etwas beim Herausstrecken. Desgleichen feinschlägiger Tremor der gespreizten Finger. Herztöne rein. Herztätigkeit regelmäßig. Keine objektiven Schwangerschaftszeichen. Die Sch. behauptet, Veränderungen in den Brüsten, Drängen nach unten und Kindesbewegungen zu spüren. — Bauchreflex vorhanden. Patellarreflexe vorhanden. Rombergsche Erscheinungen eben angedeutet. Sensibilität intakt, dagegen am ganzen Körper Hyperalgesie. Sie ist gut orientiert, zeigt keine nennswerten Intelligenzdefekte. Stimmung ziemlich indifferent. Pat. verhält sich ziemlich abweisend. Hält daran fest, daß man sie beschimpft und als eine Kindesmörderin angesehen habe und daß sie schwanger sei (gibt aber zu, daß sie ihr Unwohlsein regelmäßig hat, nennt jetzt die Periode „Menstruktion“). Hier habe sie noch keine Bemerkungen über sich gehört. Schläft und ißt gut, verhält sich ruhig. Am 15. X. äußert sie noch immer ihre alten Wahnideen, hier würde über sie gesprochen, sie mache sich aber nichts mehr daraus. Die Stimmung ist ziemlich indifferent. Beim Sprechen fibrilläre Zuckungen der Gesichtsmuskulatur.

Am 22. X. klagt sie über sexuelle Sensationen. Stimmung im allgemeinen indifferent, möchte am liebsten wieder nach Fuhlsbüttel.

Am 29. X. verlegt nach Saal 24.

Am 30. X. Pat. steht nachmittags auf.

Am 9. XI. Unverändert, ist tagsüber außer Bett.

Am 15. XI. Pat. sitzt meistens mit unzufriedenem Gesichtsausdruck auf den Bänken herum. Sie zeigt keine Neigung, sich zu beschäftigen, das hätte sie ja nicht nötig. Ihr Verhalten ist unverändert, sie hält an ihren Ideen fest.

Auszug aus den Akten Fuhlsbüttel.

Vorstrafen am 15. VIII. 97.	Diebstahl	6 Wochen Gefängnis.
Am 4. VI. 97.	Unterschlagung	4 „ „

Am 3. VII. 97. Öffentliches Ärgernis 1 Woche Gefängnis.
Am 4. VII. 97. Gewerbsmäßige Unzucht 9 Wochen „
Am 13. VI. 99. Sittenkontravention 18 „ „
außerdem 18 mal Haft in Fuhlsbüttel wegen Unzucht u. dgl.

Am 4. VII. 96. Das erste Mal für eine Woche Haft eingeliefert, erkrankte sie an Delirium und zog sich Kontusionen des Kopfes zu.

Am 11. VII. bescheinigt der Arzt, sie könne in diesem Zustand nicht im Zellwagen transportiert werden und bliebe deshalb zweckmäßig bis zum Ablauf des Deliriums da.

Am 13. VII. 96. Vom Delirium geheilt entlassen, war damals geschlechtskrank.

Am 11. X. 96. Früher Lues (luetische Geschwüre an dem rechten Labium).

Am 7. V. 96. Zwei Wochen Gefängnis wegen gewerbsmäßiger Unzucht. Obdachlosigkeit. Im Anschluß daran 24 Monate Korrektionshaft.

Am 10. V. 01. Für arbeitsfähig vom Arzt erklärt.

Während der Korrektionshaft von 18 Monaten ist Pat. mehrfach disziplinarisch bestraft.

Am 2. V. 1900. Wegen Ungehorsams und schlechten Betragens angezeigt, mit 5 Tagen kein warmes Essen bestraft.

Am 21. XI. 1900. Hat sich ungebührlich betragen und ungezogene Redensarten geführt. Spuckt aus, wenn sie bei der Aufseherin vorbeigeht. 3 Tage Dunkelarrest, Wasser und Brot.

Am 7. X. 01. Schreiben an die Polizeibehörde, daß Pat. während Verbüßung ihrer 24-monatlichen Haft an halluzinatorischer Verrücktheit erkrankt sei, deshalb ihre Unterbringung in die Anstalt Friedrichsberg beantragt.

Auszug aus dem Journal des Arztes A. M. in Fuhlsbüttel:

Am 6. VII. 96. Mit Delirium tremens ins Lazarett geschafft. Bei Einlieferung schon stark delierend, kommt sofort zur Tobzelle.

Am 7. VII. Hat sich in der Nacht eine Kontusion des Kopfes zugezogen.

Am 10. VII. Nachts ruhig geschlafen. Ins Lazarett verlegt.

Am 11. VII. Ende der Strafe, deliriert noch stark, bleibt infolgedessen mit ihrer Einwilligung 2 Tage hier.

Am 12. VII. Luetisches Geschwür an der linken kleinen Labie.

Am 13. VII. Entlassen.

Am 21. VII. 98. Ins Lazarett mit Delirium tremens.

Am 25. VII. Entlassen.

Am 7. X. 98. Ins Lazarett mit Delirium.

Am 12. X. 98. Entlassen.

Am 24. XI. 98. Ins Lazarett wegen Alkoholismus chronicus. Starker Tremor der Zunge und Hände.

Am 29. X. 1900. Ins Lazarett wegen Alkoholismus, starker Tremor der Zunge und Hände, Reflexe lebhaft, motorische Unruhe, macht Witze bei der Untersuchung. (Milch, Alkohol, Paraldehyd.)

Am 8. X. 1900. Im allgemeinen rasch beruhigt, bleibt sie sehr dement. Wird auf ihr Drängen zur Arbeit entlassen.

Am 1. X. 01. Pat. ist in der Isolierhaft dadurch auffällig geworden, daß sie die Teilnahme am Spaziergang verweigert, *sie erklärt dem Arzt, sie könne nicht mitgehen, da sie hochschwanger sei und infolgedessen sich da unten immer etwas herausdrängt. Sie könne auf dem Hofe das nicht mehr hineinzwängen.* Außerdem versuchten die Aufseherinnen, sie alle zu reizen. Besonders die Aufseherin L. Es sei das großes Unrecht, man könne sie hier zufrieden lassen, sie tue ihre Pflicht und ihr früheres Leben braucht man nicht ihr vorzuhalten. Als Beweis der Beleidigung führt sie an, daß eine Aufseherin ihr Vorhaltungen über die krausgestrickte Masche eines Strumpfes gemacht und sie dabei so angefaßt habe, daß später die ganzen Muster mit dem von der Aufseherin gemachten Kniffe an ihrem Unterleib erschienen seien. (Tatsächlich nur Metritis. Genitalien hyperästhetisch. Untersuchung nicht schmerzhaft.) Sie bezeichnet die Beleidigung als „Manustrieren". In einem von ihr geschriebenen Bericht kommt dieses Wort auch vor. Sie bezeichnet damit die geschlechtlichen Reizungen durch die Aufseherinnen, die sie beeinflussen.

Am 21. X. 01. Auf Bericht aus Friedrichsberg Antrag die Korrektionshaft aufzuheben.

Status. Am 12. X. 01. Frau Sch. ist 1,5 m groß, von derbem Knochenbau, blasser Hautfarbe, guter Muskulatur, mittlerem Ernährungszustand. Gewicht 61,5 kg. Schädel ohne Besonderheiten. Pupillen gleich weit, beiderseitig gleichmäßig rund. Licht-

und Konvergenzreaktion auf beiden Seiten prompt. Schädelumfang 53 cm. Querdurchmesser 15 cm. Längsdurchmesser $17^3/_4$ cm. Zunge grade, zittert leicht, nicht belegt. Zähne z. T. kariös. Gaumenbögen gleichmäßig innerviert. Rachenreflex nicht auslösbar. Schilddrüsenlappen leicht geschwellt. Kein Tremor der Finger.

Der kleine Finger der rechten Hand läßt sich nicht aktiv beugen. An der Volarseite der Hand zieht sich unterhalb der Wurzel eine 3 cm lange, längslaufende verschiebliche Narbe. Der darunter liegende Knochen ist bei Druck schmerzhaft. Pat. will sich hier vor 2 Jahren die Sehne durchschnitten haben, indem sie mit einer Tasse hinfiel. An der Vorderseite des rechten Vorderarmes sind die Anfangsbuchstaben eines jungen Mannes und ihre eigenen blau tätowiert. Gang sicher, kein Romberg. Schmerzempfindlichkeit anscheinend herabgesetzt. Herztöne rein. Lunge ohne Befund. Puls regelmäßig. Kein vasomotorisches Nachröten. Brüste nicht geschwellt. Kein Kollostrum. Der Leib ist nicht druckempfindlich, wenig gespannt, gut eindrückbar, überall tympanitischer Schall. Urin frei von Eiweiß und Zucker.

Pat. ist örtlich und zeitlich orientiert. Gibt willig Auskunft sei nicht krank; vor 16 Jahren habe sie geboren. Die Tochter lebt. Im nächsten Jahr ein Umschlag. Vor 5 Jahren luetisches Exanthem. Im Altonaer Krankenhaus sei eine Schmierkur gemacht. Vor 2 Jahren sei in Hamburg eine Schmierkur gemacht. Sie sei von der Sittenpolizei hingeschickt worden. In Hamburg hätte sie 10 Jahre unter Kontrolle gestanden. Pat. glaubt jetzt schwanger zu sein, habe in Hamburg im März 3 Tage nach einem Koitus das Gefühl gehabt, sie sei schwanger. Fühle seither immer Kindsbewegungen im Leibe, habe Nährstoff in den Brüsten. Menses seien nicht gekommen in letzter Zeit, dafür habe sie jetzt immer „Menstruktion", die nicht das Unwohlsein bedeutet. Dies könnte vielmehr jeder Soldat bekommen. Es sei ein urplötzliches Ding, das angesetzt wird, Gefühle, durch die sie in Arbeiten gehindert werde. Jetzt habe es sich ausgebildet und könne nicht mehr „manustriert" werden. Sie habe das in Fühlsbüttel gefühlt und begriffen. Dort sei sie noch „cujoniert" worden von den Wärterinnen. Sie habe sich darum isolieren lassen nachts, um schlafen zu können. Sei sehr aufgeregt gewesen. Habe einen Instinkt in sich gehabt. Hätte sie ein Gesangbuch gehabt und ein Gebet gesprochen, dann wäre es vorbei gewesen. Statt dessen habe man ihr angehängt, sie sei eine Heilige. Es wurde ihr immer zugerufen: Das ist fein. Hätte sie das auch gesagt, wäre es gut gewesen. Nachts schrieb man ihr die Worte an die Zellentür: Alles geschah aus Neid, weil sie so gut arbeitete. Ein Herr von der Polizei wünschte, sie solle anders werden und habe ihr deshalb 2 Jahre diktiert, weil sie sich aber gut geführt, entließ man sie nach einem halben Jahr.

Das „Manustrieren" sei eine Mechanik, die in den Leib überginge. Eigentlich dürfte sie darüber nicht sprechen, es stecke eine besondere Rache dahinter. Es hieße immer, sie sei eine Kindesmörderin, weil sie einen Umschlag gehabt habe. Alle Mädchen in Fühlsbüttel steckten zusammen, machten ihr jede Bewegung nach. Die Aufseherin in der Waschküche leitet das Ganze. Sie stellte die Mechanik an durch „Manustrieren" und sähe sie stramm an. Deutete an, sie solle etwas eingestehen, rief ihr zu, du bist es. Das Manustrieren geschehe durch eine Maschine in der Waschküche. Wenn das in der Liebe gehe, frage sie nichts danach. Sie wolle aber nicht, daß alle über sie sprächen. Derjenige, der ihre „Menstruktion" habe, der könne „manustrieren". Das sei eine alte Lektion. Sie habe es noch die letzte Nacht gespürt. Heute habe sie noch nichts gespürt. Stimmen stellt sie in Abrede, ebenso Erscheinungen. Auch in Friedrichsberg sei sie „cujoniert" worden. Ob was mit ihr gemacht werden solle, das könne man noch nicht wissen, auch eine Glaubenssache spiele mit. Sie sei einmal in einer freien Gemeinde gewesen, darum habe man sie in der evangelischen Kirche nicht geduldet. Von Strafen gibt Pat. nur an: 1899, 18 Monate Korrektionshaft. Außerdem vor 4 Jahren 9 Monate in Glückstadt.

Am 14. XII. 01. Pat. gibt an, das „Manustrieren" spüre sie, es beginne auf der linken Seite, das läge im Blut, sei vielleicht ganz gesund. Sie habe es hier auch diese Nacht gespürt. Wer es tue, wisse sie nicht genau, vielleicht einer aus Friedrichsberg oder auch der Doktor hier. Wenn der Herr Doktor es tue, dann müßte es ja gesund sein. Gravide sei sie nicht mehr, denn sie habe die letzte Nacht ihr Unwohlsein bekommen.

Nachts schläft Pat. ruhig, sie ißt mit Appetit, hält sich ruhig.

Am 15. XII. 01. Soll heute aufstehen und sich beschäftigen. Verlangt zurück nach Friedrichsberg, dort habe sie Arbeit gehabt. Hier habe sie nur die „Menstruktion" auszuhalten. Während Pat. bisher bestritten hat, schon einmal krank gewesen zu sein, gibt sie heute zu, sie habe vor 6 Jahren in Fuhlsbüttel in einer Tobzelle Hunde und schwarze Männer gesehen und aus Angst immer mit dem Strohsack um sich geschlagen.

Vermutlich sei sie auch gegen die Wände gelaufen, denn am nächsten Tage habe sie zwei blaue Augen gehabt. Das sei aber kein Delirium gewesen, sondern die Aufregung über die erste Strafe; vielleicht habe man sie deshalb für betrunken gehalten, weil sie beim Aussteigen aus dem Wagen bei der Einlieferung hingefallen sei. Sie sei aber nur im Wagen schwindlig geworden.

Vom 13. XII. bis 16. XII. Menses. Gewicht $61^1/_2$ kg.

Am 16. XII. 01. Sie erklärt wiederholt, sie gehöre nicht hierher. Sie sei Hamburgerin. Die Ärzte in Friedrichsberg haben sie gar nicht fortschicken wollen. Sie selbst sei nur so dumm gewesen mitzufahren, als morgens eine freundlich lächelnde Dame in einer Droschke vorfuhr und sie aufforderte, mitzukommen. Sie habe dieselbe gar nicht gekannt. Die Dame habe gesagt, sie habe ihre Tochter ins Schwesternheim gebracht. Da glaubte Pat. auch dorthin zu kommen, statt dessen fuhr man sie hierher, wo sie nicht hingehöre. Sie vermutete, daß dahinter der Vormund ihrer Tochter, der Kaufmann D. stecke, der sie los sein wolle. Sie sei gar nicht krank, in Fuhlsbüttel habe man sie „kujoniert" und als Kindesmörderin einstecken wollen. Auch der Direktor in Hamburg habe einmal darauf angespielt.

Am 19. XII. Hält wieder daran fest, daß sie schwanger sei. Will sich hier nicht beschäftigen. Gewicht $61^1/_2$ kg.

Am 22. XII. Pat. ist sehr gereizter Stimmung. Schimpft, hier werde den ganzen Tag „Menstruktion" getrieben. Das sei noch schlimmer als in Flensburg.

Am 24. XII. Gewicht $61^1/_2$ kg.

Am 30. XII. Verlangt ein anderes Bett, da sie es in diesem nicht aushalten könne. Hat in einem Brief an die Polizei sich beschwert, daß hier immer sexuelle Erregungen verursacht würden.

Am 4. I. 1902. Pat. ist sehr abweisend gegen Ärzte und die Pflegerin, gibt nicht die Hand, antwortet auf Fragen nur mit Schimpfen. Appetit gut, beschäftigt sich nur mit Lesen. Nachts ruhig. Gewicht $61^1/_4$ kg.

Vom 5. I. bis 10. I. Pat. hat ihre Menses. Gewicht $61^1/_4$ kg.

Am 10. I. Fortwährend unzugänglich, gibt keine oder schimpfende Antworten. Als der Arzt ihr Zimmer verläßt, ruft sie ihm nach, sie gehöre nicht hierher, gehöre nach Fuhlsbüttel und wolle arbeiten. „Kindsmörderin", ich gestehe ja alles ein.

Am 13. I. Sie schreibt einen Brief an die Polizeibehörde, sie wolle eingestehen, sie sei Kindsmörderin. Sie ißt gut, schläft gut. Ist vollständig unzugänglich.

Am 22. I. Bei der Visite heftiger Ausbruch von Schimpfen in den häßlichsten Ausdrücken.

Am 16. I. Gewicht $61^1/_2$ kg.

Am 22. I. 02. Sitzt laut schimpfend im Bett: Solche Gemeinheit sondergleichen, die ganze Nacht an mir herumzumachen, als ob ich nur ein Schwein wäre. Ich habe doch immer fleißig gearbeitet. Ich habe in Fuhlsbüttel gekämpft für Recht und Freiheit. Ich bin nicht rechts erzogen, aber so eine Scheinheiligkeit. Hier haben sie mich bloß zu behandeln und wenn ich nichts mache, bloß mich herumsitzen zu lassen, weiter nichts. Und das Geld, das sie von mir haben, haben Sie herauszugeben. Ich dulde die „Menstruktion" nicht länger. Ich werde immer „kujoniert". Frühmorgens geht die Stimme schon los. Ich will nichts geschenkt haben. Ich bin syphilitisch krank. Ich gehöre überhaupt nicht in dieses Haus. Geschlechtskrankheiten gehören überhaupt nicht hierher usw.

Am 23. I. 02. Gewicht $61^1/_2$ kg.

Am 30. I. Hat nachts bis 10 Uhr laut gesprochen, sie ist nochmals aufgestanden. Hat die Tür nach dem Pflegerinnenzimmer zugeworfen.

Am 30. I. bis 1. II. Menses. Gewicht $61^1/_2$ kg.

Am 6. II. Fängt bei der Abendvisite in den gemeinsten Ausdrücken zu schimpfen, an, entblößt sich dabei. Gewicht $61^3/_4$ kg.

Am 12. II. Sehr abweisend, antwortet meist mit Schimpfen, auch in den gemeinsten Ausdrücken. Sie verlangt nach einem einzelnen Zimmer.

Am 14. II. Wieder ruhig, freundlich, schreibt einen Brief, lacht am Tage häufig vor sich hin.

Am 20. II. Abweisend. Antwortet auf die Frage, wie es ihr gehe, mit dem unflätigsten Schimpfen. — Sie entblößt sich.

Am 28. II. bis 3. III. Pat. hat ihre Menses. Gewicht $63^1/_2$ kg.

Am 14. III. Sie hat jetzt auch mit den anderen Kranken viel Streit, da sie sich von ihnen beeinflußt glaubt. Wird dauernd zu Bett gehalten. Nachts ruhig und sauber.

Am 17. III. Ungeheilt nach der Anstalt in Neustadt entlassen.

Löchel charakterisiert diesen Fall wie folgt: „Wir finden hier merkwürdige sexuelle Erregbarkeit. Außerdem haben wir hier schwere Momente, die zu einer Psyche (Psychose? — Galant) prädisponieren. Wir finden hier Lues, Potus, Haft. Patientin ist unehelich geboren. Sie war eine moralisch haltlose Person. Es handelt sich in diesem Falle um eine Kombination pathologischer Faktoren endogener und exogener Natur, vielleicht Heredität und psychopathologische Konstitution einerseits, schlechte Erziehung, vor allem Alkohol andererseits, wobei auch den Anlagen die Hauptbedeutung zuzumessen ist, weil sie den verhängnisvollen Einfluß des Alkohols so recht zur Entfaltung kommen ließen."

In der Tat haben wir es bei der Sch. mit einem so mannigfachen, komplizierten Krankheitsbild zu tun, daß es sich nur schwer einem diagnostischen Schlagwort ergibt, und bis sich der Fall zuletzt in irgendeine scharf umschriebene Geisteskrankheit herauskristallisiert hat, werden wir wohl von einer schweren Psychopathin sprechen dürfen, wo sich Unzucht, chronischer Alkoholismus, Lues, sexuelle Hyperästhesie und moralische Schwäche verbinden, um das Bild einer Psychose zu gewähren. Besonders scheint es die sexuelle Übererregtheit der Patientin, die sich psychosexuell zeitweise so stürmisch kundgibt, daß sie psychotische Zustände zeitigt. „Die Menstruktion", „das Manustrieren" und „Kujonieren", die der Patientin so viel zu tun geben und in einem bösen Wortsadismus als Machination der Umgebung gestempelt werden, sind bestimmt mit dem schwer psychopathischen sexuellen Komplex der Patientin verbunden. Was speziell die eingebildete Schwangerschaft, an der die Patientin leidet, angeht, so handelt es sich unserer Meinung nach zweifelsohne um eine psychoneurotische Erscheinung, was durch den Befund an den Genitalien erhärtet wird. Es sind gewiß die ungewöhnlichen Sensationen, die, wie es sich herausstellte, bei der Patientin von dem Genitaltraktus ausgehen, namentlich seitens der bestehenden Metritis, in erster Linie aber Reize der hyperästhetisierten Vulva und Vagina, die die eingebildete Schwangerschaft bei der Patientin lange bestehen und immer wieder auftauchen lassen. Auch ist es der eigenartige Erotismus der Patientin und der sadistische Komplex des Kindesmordes, der die Patientin nie verläßt, die ihre Gedanken an Kind und Mutterschaft schmieden und dazu verhelfen, daß die neurotischen Erscheinungen seitens der Genitalien psychisch in eine bestehende Schwangerschaft verarbeitet werden. So bildet sich bei der Patientin unter anderem die Psychoneurose der eingebildeten Schwangerschaft aus, die oftmals verschwindet, dann wieder unter dem Druck der psychosexuellen Überreizung zutage tritt.

4. Die hysterische Scheinschwangerschaft.

Von einer hysterischen Schwangerschaft schlechthin zu sprechen und darunter eine eingebildete Schwangerschaft, die hysteriform verläuft, zu verstehen, wie es bis jetzt der Fall war, ist unzulässig, da bei hysterischen Frauen auch eine echte Schwangerschaft hysteriform vor sich gehen kann und als hysterische Schwangerschaft bezeichnet werden muß. Will man also Mißverständnissen entgehen, so muß in der Zukunft eine eingebildete Schwangerschaft, die sich im Bilde einer

Hysterie abspielt, nicht einfach als hysterische Schwangerschaft, sondern als hysterische Scheinschwangerschaft bezeichnet werden.

Vor noch nicht langer Zeit bezeichnete man jede eingebildete Schwangerschaft als „hysterische Schwangerschaft", und beide Bezeichnungen waren Synonyme für ein und dieselbe Erscheinung. Kramer z. B. schreibt über die eingebildete Schwangerschaft wie folgt:

„Direkt an die Bedeutung einer Wahnidee grenzt die hysterische Schwangerschaft. Die Kranken gewinnen die Überzeugung, daß sie guter Hoffnung sind. In charakteristischer Weise entstehen auf reinem psychogenem Wege alle die deutlichen äußeren Zeichen der Schwangerschaft, der Leib schwillt an und nimmt an Umfang zu. Die Brüste schwellen an, sezernieren Kolostrum, die Menses bleiben weg, die Linea alba bräunt sich; Kreuzschmerzen, kurz alle äußeren Schwangerschaftszeichen sind vorhanden, nur der Fötus im Uterus fehlt. Die Idee der Schwangerschaft korrigiert sich meist von selbst, wenn nach Ablauf der normalen Schwangerschaftszeit das Kind nicht kommen will. Man erlebt es aber, daß die Trägerin der hysterischen Schwangerschaft sich zur vermeintlichen, in Betracht kommenden Zeit ins Bett legt, um ihre Niederkunft zu erwarten, nachdem sie zuvor die Hebamme bestellt hat. Oft ist die Idee der Schwangerschaft gänzlich unkorrigierbar. So wurde mir kürzlich der Vorschlag zu einer sachverständigen gynäkologischen Untersuchung mit den Worten abgelehnt: „Und wenn alle Frauenärzte sagen, ich sei nicht schwanger, ich glaube es doch nicht."

Kramer spricht allgemein, ohne sich auf spezielle Fälle zu beziehen, von der eingebildeten Schwangerschaft als von „hysterischer Schwangerschaft" und meidet die Bezeichnung „eingebildete Schwangerschaft" ganz! Die Äußerung einer Patientin aber, die er zuletzt anführt und die lautet: „Und wenn alle Frauenärzte sagen, ich sei nicht schwanger, ich glaube es doch nicht", hat an sich nichts Hysterisches, und führt den wahnhaften Charakter, den manchmal die Idee des Schwangerseins trägt, vor Augen.

Wir wissen jetzt, daß die eingebildete Schwangerschaft im allgemeinen nichts mit der Hysterie zu tun hat, und es ist schwer, zu verstehen, wieso die Autoren, die von hysterischer Schwangerschaft sprechen, dort, wo von eingebildeter Gravidität die Rede sein sollte, den Tatsachen Gewalt antun, ohne, wie es scheint, es recht gefühlt zu haben. Nicht anders, sie ließen sich durch die Objektivierung der Symptome bei der eingebildeten Schwangerschaft irreführen im Glauben, daß nur den hysterischen Ideen die Eigenschaft zukommt, nicht bestehende Symptome als objektiv wahrnehmbar verwirklichen zu lassen. In Wirklichkeit aber ist es auch in der Macht der eingebildeten Idee, Ähnliches zu leisten, ohne daß sie ihre wahre Natur, ihre Eigenart aufgebe.

Die Hauptsache ist nicht die Verwirklichung eines nicht bestehenden Symptoms, sondern die Art und Weise, wie diese Verwirklichung geschieht: ob sie hysterischen Charakter, hysterische Reaktionswerte aufweist oder nicht. Kommt es bei der eingebildeten Schwangerschaft zu einer hysterischen Reaktionweise, dann werden wir erst von einer hysterischen Scheinschwangerschaft sprechen.

Ein Beispiel solcher hysterischer Scheinschwangerschaft wird uns das klar machen, was in Worten allein schwer beizubringen ist. Es ist der Fall von Blumreich, den wir anführen:

„Ich bin damals nach außerhalb gerufen worden, um eine Operation vorzunehmen; es sollte sich um eine Extrauteringravidität mit Verjauchung oder vielleicht um eine normale Schwangerschaft mit Durchbruch einer vereiterten Appendix als Ursache einer diffusen Peritonitis handeln. Es war schon sehr charakteristisch, daß mir der Kollege gleich sagte, das Thermometer stiege bei der Messung der Körpertemperatur in Höhen, die der Körper eigentlich gar nicht ertragen könnte. Auch habe die Patientin durch die größten Gaben von Morphium keine Schmerzfreiheit bekommen. Als ich hereinkam, bot sich mir folgendes Bild: der Leib war stark aufgetrieben, die Patientin schrie vor Schmerzen, hatte Singultus, Erbrechen, Puls 120, Temperatur abnorm hoch. Aber zu dem ganzen Bilde paßte der Gesichtsausdruck nicht; das ganze Gebaren der Frau machte einen unbeherrschten, direkt hysterischen Eindruck. Wir haben dann die Frau narkotisiert. Temperatur und Puls gingen in der Narkose auf die Norm zurück, der Leib fiel ein; die Frau war nicht gravid, es fand sich überhaupt kein abnormer Genitalbefund. Als die Patientin aus der Narkose aufwachte, sagten wir ihr, es hätte eine schwere Gebärmutterknickung, die auf die Nerven gedrückt hätte, bestanden, wir hätten sie beseitigt und sie sei nun beschwerdefrei. Die Patientin konnte tatsächlich sogleich aufstehen und war nach ihren eigenen Angaben schmerzfrei."

So präsentiert sich ein Fall von hysterischer Scheinschwangerschaft. Die hysterische Reaktionsweise tritt dabei in so typischer Weise hervor, daß die Diagnose hysterische Scheinschwangerschaft sich einem von selbst aufdrängt. Allerdings scheinen solche einwandfreie Fälle von hysterischer Scheinschwangerschaft verhältnismäßig selten vorzukommen. Eine typisch hysterische Reaktionsweise bei eingebildeter Schwangerschaft ist im Falle Domrich, über den wir ganz kurz schon berichteten[1]), festzustellen. Die meisten anderen Fälle von hysterischer Scheinschwangerschaft, die wir in der Literatur vorfanden, sind entweder überhaupt keine solchen oder könnten vielleicht doch mit einigem Zwang und mit Rücksicht auf den hysterischen Charakter der Trägerin der Scheinschwangerschaft als hysteriforme Scheinschwangerschaft betrachtet werden. So ein Fall ist vielleicht der von Nielsen, wo „ein hysterisches 29jähriges Fräulein", das nie geboren hat, angab, mit einem toten Kinde schwanger zu sein und beim Stuhlgang Kindesteile abgehen sah. Sie zeigte dabei Knöchelchen, die ohne weiteres als Hühnerknochen erkannt werden konnten. Bei der Untersuchung war keine Gravidität festzustellen, hingegen rechts eine Hydrosalpinx, links ein mandarinengroßer zystischer Tumor.

An hysterische Scheinschwangerschaft klingt noch vielleicht der Fall Montgommery: „The pregnancy of the Virgin Prophetess Joanna Southgate" an. Die 64 Jahre alte Joanna Southgate wollte von dem heiligen Geiste begünstigt worden sein und gab an, guter Hoffnung zu sein. Sie trug auch alle Zeichen der Schwangerschaft. Kurz vor der Geburt trat Exitus ein. Die Sektion ergab keine Schwangerschaft und man fand nur sehr viel Fett und Meteorismus.

Wie man aus den zwei letztangeführten Beobachtungen entnehmen kann, ist in den Fällen von Scheinschwangerschaft, wo keine ausgesprochene hysterische Reaktionsweise zutage tritt, schwer zu entscheiden, ob es sich um eine hysterische oder anderweitige Scheinschwangerschaft handelt. In vielen Fällen ist es das subjektive Gefühl des Autors, das, bei schwachen Anhaltspunkten, für oder gegen Hysterie entscheidet. In allen Fällen aber — und das möchten wir hier noch einmal hervorheben — wo bei Scheinschwangerschaft eine hysterische Unterlage vermutet wird, ist nicht einfach von hysterischer Schwangerschaft, sondern von hysterischer Scheinschwangerschaft (Graviditas spuria hysteriforma) zu sprechen.

[1]) Siehe oben „Allgemeine Psychopathologie der eingebildeten Schwangerschaft", Kap. 5. „Die auslösenden Momente der eingebildeten Schwangerschaft", S. 18.

5. Die eingebildete Schwangerschaft im Bilde der Paranoia.

Bei geisteskranken Frauen kommt es nicht ganz selten vor, daß sie die Wahnidee, sie seien schwanger, äußern. Die religiös erotische Kranke der Dementia-praecox-Gruppe glaubt manchmal mit dem heiligen Geist in Berührung gekommen zu sein und will durch unbefleckte Empfängnis schwanger geworden sein. Noch öfters beschuldigen diese Kranken den Anstaltsdirektor und die Ärzte, daß sie sie nachts aufsuchen, mit ihnen geschlechtlich verkehren und sie geschwängert haben. Oftmals erzählen sie, daß sie sonst in der Nacht geschlechtlich gequält werden, wissen nicht genau, wer mit ihnen geschlechtlichen Umgang pflegt, seien seit einiger Zeit bestimmt schwanger. Auch geisteskranke Frauen der manisch-depressiven Gruppe sind geneigt mit der Idee, schwanger zu sein, zu spielen, doch kommt es bei ihnen selten, wenn überhaupt zu jenem Bilde der eingebildeten Schwangerschaft, wie es typisch außerhalb der Irrenanstalt bei unfruchtbaren Frauen beobachtet wird. Dennoch scheint es angenommen zu sein, die Wahnideen der geisteskranken Frauen von einer bei ihnen bestehenden Schwangerschaft als eingebildete Schwangerschaft zu betrachten, und in einer Dissertation: „Eingebildete Gravidität" aus der psychiatrischen und Nervenklinik der Universität Kiel, die, von Karl Löchel (Danzig) verfaßt, unter den Auspizien des Herrn Geheimrat Siemerling im Jahre 1914 in Kiel erschienen ist, wird über zwei Fälle von eingebildeter Schwangerschaft bei Paranoia berichtet. Da in der Literatur sehr wenig über eingebildete Gravidität bei Geisteskranken zu lesen ist, die Dissertationen schwer zugänglich und die Fälle, die die Kieler Dissertation bringt, besonders typisch sind, lassen wir sie hier folgen.

Fall I. Die 21jährige Lehrerin A. Th. aus Heide wird von ihrer Mutter und ihrem Bruder in die Poliklinik gebracht.

Die Mutter berichtete, daß Pat. seit Ostern 1904 als Lehrerin in Rendsburg sei. Sie sei hochgradig bleichsüchtig gewesen. Sie wurde wegen Schwäche in Rendsburg vom Dienst befreit. Sie kam nach Hause und erzählte, sie sei in Rendsburg vergewaltigt, sie sei schwanger und fühlte sich dadurch so krank.

Pat., die anfangs eigentümlich lächelnd dagesessen hat, fängt plötzlich an zu weinen. Sie erzählt, daß im Mai vorigen Jahres in der Nacht jemand bei ihr gewesen sei. Sie habe schon früher lebhafte Träume gehabt. In dieser Nacht habe sie aber bemerkt, daß es nicht ein Traum hätte sein können. Sie glaube, daß es ein Verwandter ihrer Schüler gewesen sei. In der Nacht habe sie auch die Stimme des Mannes gehört, der ihr Vorhaltungen wegen der Schülerin machte. Er sei darauf an ihr Bett gekommen, sie habe geschrien: „Ich will aber nicht". Der Mann habe gesagt: „Jetzt sollst du erst mal selbst ein Kind haben." Vom Mai bis Oktober habe sie sich immer schlecht und unwohl gefühlt; schlief schlecht und hatte keinen Appetit. Sie bemerkte in der Zeit auch, daß die anderen Leute etwas gegen sie hätten. Man habe hinter ihrem Rücken über die Angelegenheit gesprochen. Sie sei mit einem Lehrer verlobt gewesen. Sie habe ihm im Oktober vorigen Jahres alles erzählt. Darauf hat er die Verlobung aufgehoben.

Im Oktober vorigen Jahres ließ sie sich von einem Arzt in Flensburg untersuchen. Sie glaube nicht, daß es nur eine Untersuchung gewesen sei. Der Arzt habe gesagt, sie sei normal gebaut. Ob sie schwanger sei, habe er nicht gesagt. Im November bis Dezember 1905 sei sie in der Klinik bei Herrn Dr. K. gewesen. Sie reiste allein von Rendsburg hierher, um endlich Gewißheit über ihren Zustand zu gewinnen. In der Klinik sei nur eine Gebärmutterverschiebung festgestellt. Auch hier hätten die Schwestern untereinander über sie gesprochen, daß sie schwanger sei. Sie könne auch jetzt nicht von dem Gedanken ablassen, daß sie schwanger sei. Sie habe auch bemerkt, daß die Kleider ihr jetzt wieder paßten. Sie habe wiederholt den Wunsch gehabt, sich das Leben zu nehmen. Sie sei einmal nach Kitzeberg gefahren, sich in den Hafen zu stürzen.

Einmal habe sie Kleesalz genommen, um sich zu vergiften. Sie wolle jetzt nicht zu Hause bleiben, weil sie über ihre Eltern nicht Schimpf und Schande bringen wolle. Sie wolle zu einer Hebamme gehen, um ihre Niederkunft abzuwarten. Sie glaubt sich auf der Straße von den Leuten beobachtet. Sie könne sich überhaupt nicht sehen lassen.

Menses regelmäßig alle 5 Wochen, das sei jetzt auch anders.

Status: Gesund aussehendes junges Mädchen. Pupillen mittelweit gleich. R. L. + R. C. +. A. B. frei. VII frei. Gaumen und Rachen ohne Befund. Reflexe der oberen Extremitäten positiv. Kniephänomene beiderseits positiv. Herztöne rein. Puls regelmäßig, 80. Lungen ohne Befund. Leib druckempfindlich.

Frl. A. Th. wird am 21. II. 06 in die Klinik aufgenommen. Geboren zu Heide. Letzter Wohnsitz Heide. 21 Jahre alt, ledig, evangelisch, Lehrerin. Krankheitsdauer vor der Aufnahme seit Mai 05.

Vater und Mutter sind nicht verwandt. — Kein Nervenleiden. — Pat. ist ehelich geboren. Keine körperliche Mißbildungen. Pat. war noch in keiner Irrenanstalt.

Anamnese abgegeben durch die Stiefmutter. 21. II. 06. — Blutverwandtschaft nicht vorhanden. Heredität nicht vorhanden. Die Mutter starb an Phthise, der Vater gesund. Als Kind hatte Pat. Diphtherie. In der Schule hat Pat. sehr gut gelernt. Aus der ersten Klasse wurde sie konfirmiert.

Mit 13 Jahren 1. Menses. Ziemlich regelmäßig, ohne Beschwerden.

Seit $1^1/_2$ Jahren sei sie Lehrerin in Rendsburg. Sie habe sich überarbeitet. Sie hatte 68 Kinder in der Klasse. Im Oktober 1905 sei sie wegen allgemeiner Schwäche dispensiert. Sie wäre 5 Wochen in der Klinik von Dr. K. gewesen. Sie hatte in der Schule einen Ohnmachtsanfall. Im Juli 1905 hatte sie sich mit einem Lehrer verlobt. Oktober 1905 sei sie auf Urlaub zu Hause gewesen. Sie hätte damals Halsschmerzen gehabt und sei sehr aufgeregt gewesen. Im Mai 1905 besuchte sie in Rendsburg ihr heimlich Verlobter. Sie machte mit ihm Spaziergänge. Die alte Dame, bei der sie wohnte, hätte ihr deswegen Vorhaltungen gemacht. Dies bekümmerte Pat. sehr, da sie sehr sittenstreng sei. Die Dame ist mehrfach verreist gewesen und hat sie allein gelassen. Pat. mutmaßt, ein Mensch, dessen Tochter sie angeblich schlecht behandelt habe, habe sie in der Nacht vergewaltigt. Sie wußte nicht, ob sie träume, habe aufgeschrien und gefragt: „Ist hier jemand?"

Am nächsten Tage sei sie sehr elend gewesen, grübelte, ob es Wahrheit oder Traum gewesen sei.

August 1905 habe sie sich von einem Arzt in Flensburg untersuchen lassen, ob sie schwanger sei. Der Arzt sagte, die Untersuchung wäre sehr schmerzhaft, sie habe einen Riß in der Gebärmutter. — Sie glaubt, der Arzt habe auch mit ihr bei der Untersuchung geschlechtlich verkehrt.

September 1905 sei sie zu Hause so komisch gewesen. In Rendsburg wäre sie in eine andere Wohnung gezogen. Dezember 1905 sei sie bei Dr. K. in der Klinik gewesen. Er diagnostizierte Gebärmutterverschiebung. — In der Klinik sprachen die Schwestern über sie. Sie hörte: „Lieber kein Kind, als so ein unglückliches Kind, das seinen Eltern so viel Kummer mache." Die Kranken sprachen auch über sie. November 1905 sei die Verlobung zurückgegangen. Anfangs sei sie sehr aufgeregt darüber gewesen, jetzt sei sie ruhig. Dezember 1905 sei sie zu Hause gewesen. Sie war ganz vergnügt, besuchte Theater und Konzerte und machte Handarbeiten. Sie habe trotz der Menses nur den einen unglückseligen Gedanken.

Januar 1906 war sie bei Dr. R. Ihr fehlte nichts; vor acht Tagen habe sie der Kreisphysikus untersucht: und zwar sei sie blutarm, nicht schwanger. Vor acht Tagen sei sie sehr aufgeregt gewesen und hätte Lebensüberdruß geäußert. In der letzten Zeit nicht mehr.

Sie wollte jetzt zu einer Hebamme: ihre Niederkunft erwarten. Sie hätte nach einer Hebamme annonciert.

Ihrem Bräutigam hat sie von der Vergewaltigung erzählt. Nun glaube sie, der Bräutigam zöge sich darum zurück.

Die Menses seien in Ordnung, etwas unregelmäßig. Der Schlaf wäre gut. Sie schliefe nur abends schwer ein. Der Appetit sei gut.

21. II. 06. Pat. wird von ihrem Bruder und ihrer Stiefmutter gebracht. Sie geht ruhig auf die Abteilung.

Pat. ist von kräftigem Knochenbau, mäßig kräftiger Muskulatur und in mäßigem Ernährungszustand. Größe 1,62 m. Gewicht 65 kg. Pat. hat ihre Menses. T. 37,6°.

Auf Druck und Beklopfen ist der Schädel nicht empfindlich. Kopfnarben sind nicht vorhanden, ebensowenig Druckpunkte. Pupillen übermittelweit, gleich und rund. Licht- und Konvergenzreaktion auf beiden Seiten prompt. Fazialis symmetrisch. Die

Zunge wird gerade herausgestreckt, zittert stark und ist leicht belegt, Gaumenbogen gleichmäßig gehoben. Rachenreflex positiv. Die Sprache ohne Störung. Leichter Tremor mannum. Keine Motilitätsstörung. Gelenke frei. Reflex der oberen Extremität etwas lebhaft. Mechanische Muskelerregbarkeit nicht erhöht. Deutliches vasomotorisches Nachröten. Patellarreflexe sehr lebhaft. Patellarklonus positiv. Achillessehnenreflex positiv. Fußklonus positiv. Gang sicher, kein Romberg. Pinselstriche prompt lokalisiert. Kopf und Spitze prompt unterschieden. Schmerzempfindung leicht herabgesetzt. Thorax mäßig breit, gut gebaut. Leichter Grad von Schnürthorax. Lungen ohne Besonderheiten. Herzdämpfung nicht vergrößert. Herztöne rein. Puls regelmäßig, mittlere Spannung und Füllung. Abdomen nicht aufgetrieben. Abdominalorgane ohne besonderen Befund. Deutliche Ovarien. Keine Druckpunkte am Brustkorb. Urin: kein Eiweiß, kein Zucker.

Pat. ist zeitlich und örtlich orientiert. Sie zeigt eine weinerliche Stimmung und drängt nach Hause. Bei der Exploration sagt sie, sie brauche doch nichts mehr zu sagen, sie habe doch heute Morgen in der Sprechstunde alles gesagt.

22. II. Nachts hat Pat. ohne Schlafmittel ziemlich gut geschlafen.

Sie sei im Mai 1905 in einer Nacht überfallen worden. Näheres möge sie nicht sagen. Sie habe alles schon erzählt. Am nächsten Tage wäre ihr übel zumute gewesen, der Kopf wäre ihr so schwer gewesen. Sie meinte, sie hätte geträumt, weil sie öfters so träumte. Dann meinte, sie, es müßte Wirklichkeit gewesen sein, weil sie sich immer der Worte erinnerte: „Weil sie das Kind schlecht behandelt habe, sollte sie selbst eins haben."

Sie habe geschrien. Ihr konnte keiner helfen, sie wäre ganz allein in der Wohnung gewesen. Sie hätte sich auch gesagt, daß sie eigentlich hätte erwachen müssen. Aber sie schlafe so fest. Sie wisse auch, daß sie sich gewehrt habe. Sie habe furchtbare Schmerzen dabei gehabt. Wie der Mann ins Zimmer gekommen sei, wisse sie nicht, ob durchs Fenster oder die Tür. Sie wüßte gar nicht, wer es wäre. Am nächsten Morgen hätte sie sich auch nicht besinnen können, ob er wieder weggegangen sei usw. Die körperlichen Schmerzen wären bald vorübergegangen, nur furchtbare Kopfschmerzen hätte sie gehabt. Daraufhin hätte sie sich Bücher angesehen. Sie hätte auch anatomischen Unterricht gehabt. Sie wüßte auch, daß sie viel stärker sein müßte. Trotzdem halte sie sich für schwanger. Sie meint, sie sei auch stärker geworden. Die Leute redeten sie daraufhin an, wie schlecht sie aussehe.

Sie sei zu Dr. B. in Rendsburg gegangen. Er meinte, sie sei vielleicht lungenkrank, denn sie hätte Stiche in der Brust gehabt. Auf Schwangerschaft ließ sie sich nicht untersuchen. Sie sei immer elender geworden. Dann sei sie zu Dr. L. in Rendsburg gegangen. Dort habe sie sich ganz untersuchen lassen. Von Schwangerschaft habe sie nichts gesagt. Sie habe nur gesagt, sie hätte Leibschmerzen. Dr. L. hätte nur Kehlkopf- und Rachenkatarrh und Magenkatarrh diagnostiziert. — Einer Kollegin hätte sie von der Vergewaltigung erzählt. Die meinte sie hätte so lebhaft geträumt. Sie suchte noch selbst die Gedanken sich aus dem Kopf zu schlagen. Eine Kollegin ging nochmals mit ihr zu Dr. L., weil sie immer elender wurde.

Ende September 1905 sei sie von der Schule dispensiert worden. Zunächst sei sie in Heide bei den Großeltern, dann in Flensburg bei den Eltern des Verlobten gewesen. Sie sei zu einem Homöopathen gegangen. Sie hätte Halsschmerzen gehabt und am Unterleibe Schmerzen und Stechen. Niemals habe sie wieder Stimmen gehört. Niemals sei ihr wieder der betreffende Mann erschienen. Sie hätte wieder zur Schule gewollt fühlte sich aber zu elend. Am 1. Oktober sei sie in eine andere Wohnung gezogen. Ihrer neuen Wirtin hätte sie von allem erzählt. Diese fuhr mit ihr nach Kiel zu Dr. K. Dort sei sie 5 Wochen geblieben. Dr. K. habe sie ebenfalls alles erzählt eine Schwangerschaft habe er verneint, er fragte sie aber, ob so etwas vorgefallen sei, da habe sie von neuem Verdacht geschöpft. Dr. K. hätte von Gebärmutterverschiebung gesprochen, sie sei sofort chloroformiert worden. Dann habe er gesagt, es sei alles in Ordnung. Der Homöopath hätte sie auf dem Untersuchungsstuhl untersucht, sie hätte dabei furchtbare Schmerzen gehabt. Da die Untersuchung von Dr. K. ganz anders gewesen wäre, meinte sie, der Homöopath hätte mit ihr etwas vorgenommen. Dr. K. hätte gesagt, es liege eine innere Verletzung vor, da sei sie auf den Gedanken gekommen. Bei der Untersuchung des Dr. K. sei eine Schwester dabei gewesen, bei der des Homöopathen niemand.

Mitte Dezember 1905 sei sie nach Hause gegangen. Sie sei noch sehr elend gewesen, hätte sich zu Hause erholt. Dezember 1905 sei die Verlobung gelöst worden. Der Bräutigam meinte, es sei Einbildung. Darüber habe sie sich sehr geärgert. Sie weint heftig.

Dr. L., Heide, untersuchte sie auf Schwangerschaft. Dr. K. hatte schon an ihn geschrieben. Dr. K. hatte ihr gesagt, man könnte Blutungen haben trotz der Schwangerschaft. Die Leute hätten gesagt: „Wie ist es doch traurig mit Fräulein Th.", und hätten von anderen solchen Mädchen gesprochen.

Wenn wir sie nicht für schwanger halten, dann könnte sie ja gleich nach Hause gehen.

Kurz vor dem Unwohlsein habe sie Schmerzen. Jetzt glaube sie nicht mehr so stark an die Schwangerschaft. Jetzt sei sie zweifelhaft geworden.

Pat. ist sehr schüchtern, zurückhaltend, sie schämt sich über die betreffenden Sachen zu sprechen. Sie weint leicht.

Am 22. II. Pat. drängt nach Hause. Sie ist andauernd ruhig. Pat. schläft mitunter nicht gut. Schlafmittel will sie nicht haben. Wenn man auf ihre Sachen zu sprechen kommt, so ist sie sehr verlegen und antwortet sehr zögernd. Sie will nicht mehr darüber sprechen, sie will nach Hause.

Am 2. III. Pat. ist guter Stimmung, mitunter sehr fröhlich. Sie schreibt Briefe, liest, unterhält sich gut mit ihren Mitkranken Gestern Abend verlangte sie nach einem Schlafmittel Sie behauptet heute Morgen, sie habe vor Hunger nicht schlafen können. Sie erhält Zulagen.

Am 5. III. Sie ist gleichmäßig guter Stimmung. Sie steht von 11 bis 2 und 4 bis 6 Uhr auf.

Am 9. III. Ihr Gewicht beträgt 64,7 kg.

Am 14. III. Sie hält sich ruhig, äußert nichts von ihrem Leiden.

Am 17. III. Beginn der Menses.

Am 18. III. Sie klagt über Kopfschmerzen. Eintritt der Menses.

Am 19. III. Cessatio mensuum.

Am 24. III. Sie ist reizbar, verträgt sich nicht gut mit den Mitkranken, gegen den Arzt ist sie freundlich. Bei der Visite lacht sie eigentümlich. Gewicht 66,5 kg.

Am 1. IV. Sie will von ihren Wahnideen nichts mehr wissen. Sie begreift nicht, wie sie dazu gekommen sei.

Am 4. IV. Gewicht 65 kg, am 6. IV. 66,2 kg.

Am 10. IV. Pat. sagt, sie müsse krank gewesen sein, sie glaube nicht mehr an ihre Gravidität. Die Stimme im Zimmer habe sie allerdings deutlich gehört. Entweder war es ein Traum oder Krankheit. Wenn es der Arzt sage, sei es wohl so. Die Pillen täten ihr gut, ebenso Valeriana gegen die aufsteigende Hitze. Früher habe man ihre nervösen Beschwerden nicht erkennen wollen. Der Kreisarzt habe gesagt, er könne nichts finden. Das habe sie noch mehr beunruhigt. Jetzt sehe sie ein, daß alles durch ihre Nerven käme. Auf ihr Drängen wird Pat. von ihrem Bruder abgeholt; sie soll einige Wochen aufs Land und sich dann wieder in der Klinik vorstellen. Der Bruder wird darauf aufmerksam gemacht, daß die Krankheit noch nicht gehoben sei. Er will es trotzdem versuchen.

Pilul. Blaud.
3mal täglich 1 P.
Tinct. valeriani.
15 Tropfen.

Pat. ist am 11. IV. 06 als gebessert entlassen.

Wiederaufnahme.

Am 9. VIII. 06. Pat. kommt mit ihrem Bruder. Nach der Entlassung war sie zwischendurch einmal 8 Tage in Kiel. — Es sei ihr immer ganz gut gegangen, sie sei immer lustig und fidel gewesen. Sie erzählt die damaligen Vorgänge und Wahnideen genau so, wie bei der ersten Exploration. Meine, es sei alles ein Traum gewesen, es wäre alles wahrscheinlich Einbildung. Sie habe an Patienten hier genug gesehen, daß es krankhafte Ideen gibt. — Sie sehe es jetzt ein, daß es Krankheit war, sie lache jetzt darüber, daß sie an Gravidität glaubte, wisse nicht, wie sie dazu gekommen sei, daran zu glauben, wo sie doch Unwohlsein gehabt hätte. — Wahrscheinlich wie das Unwohlsein so wenig war, habe sie es geglaubt. Glaube auch jetzt nicht mehr, daß der Homöopath mit ihr etwas vorgenommen habe. Die Untersuchung bei ihm war ja anders gewesen als bei Dr. K., aber der sagte, er sei kein Spezialist, deshalb sei es wohl anders. Jetzt sei sie völlig frei und fühle sich ordentlich wohl. Das sei wohl gekommen, weil in Rendsburg einige derartige Verbrechen vorgekommen seien, ihre Wohnung lag etwas außerhalb der Stadt, in der Gegend nahebei seien ähnliche Verbrechen vorgekommen. Sie wolle jetzt wieder eine Stellung als Lehrerin annehmen. Sie habe sich an verschiedenen Stellen beworben, denn sie wolle gerne einen Beruf haben. Sie müsse ein Physikatsattest haben. Physikus Dr. A. in Rendsburg wünscht vorher ein Gesundheitsattest. —

9. VIII. 06. Gewicht 69 kg.

11. VIII. 06. Gibt auf alle Fragen betreffend früherer Krankheit bereitwilligst Auskunft. Unwohlsein immer regelmäßig. An Gewicht zugenommen. Durchaus geordnet und klar. Vergnügte Stimmung, beschäftigt sich angemessen. Ende Juli letztes Unwohlsein. Keine neuen Beschwerden. Somatisch ohne Abweichung. Gewicht 69 kg. T. 36,8°. Nicht geisteskrank entlassen.

9. VIII. Pflegebericht. Pat. kam Mittags zur Aufnahme. Sie steht auf, saß im Wintergarten, beschäftigt sich mit Handarbeit, unterhielt sich mit den Damen; gut geschlafen.

10. VIII. Pat. geht allein aus, ißt gut, beschäftigt sich mit Handarbeit; gut geschlafen.

11. VIII. Heute entlassen.

Wir haben hier das Bild einer Paranoia. Es finden sich die Wahnideen der Schwangerschaft. Pat. glaubt vergewaltigt zu sein. Sie hat Stimmen gehört. Zeitweise ist Pat. aufgeregt. Sie wird der Anstalt überwiesen. Bleibt auch hier bei ihren Ideen. Nach einiger Zeit kann sie gebessert entlassen werden. Bei ihrer Wiederaufnahme zeigt sie sich geheilt.

Fall II. Frau F., Bürgermeisterswitwe, 55 Jahre alt. Aufgenommen den 6. VI. 1910. Entlassen am 2. VII. 1910. Letzter Aufenthalt Thagsdorf bei Neumünster. Vater und Mutter nicht verwandt.

Nervenkrankheiten sind nicht vorgekommen. Zum erstenmal vom Sommer bis Herbst 1908 in der Irrenanstalt in Schleswig.

Die von der Nichte erhobene Anamnese ergibt: 6. II. 1910. Pat. war bis Herbst 1909 verheiratet. Ihr Mann starb Oktober 1909. Sie hat keine Kinder, keine Aborte. War von jeher leicht aufgeregt, aber hatte nie körperliche Krankheiten durchgemacht. Vor 4 Jahren hatte sie etwas an der Zunge. Damals bildete sie sich ein, sie bekäme Zungenkrebs. 1908 im Oktober war sie sehr verstimmt, gänzlich apathisch, grübelte, zog sich nicht aus, nicht an, lief halb angezogen aus dem Hause. Mehrmals, nachts, wie am Tage, machte sie den Versuch, sich im Wasser zu ertränken; wurde aber noch rechtzeitig bemerkt.

Oktober bis Dezember 1908 war sie in der Irrenanstalt in Schleswig. Dort hat sie Zucker gehabt. Seither gesund, bis vor kurzem besorgte sie ihren kleinen Haushalt. Vor einigen Tagen hatte die Schwester der Pat. Konkurs. Das habe sie sich sehr zu Herzen genommen. Man merkte zuerst sehr wenig, war nur sehr unzufrieden, mäkelte an allem, blieb immer zu Hause, saß in den Stuben herum und grübelte den ganzen Tag. Sie aß und hatte furchtbaren Appetit, trank viel Wasser. Nachts, vom 3. bis 4. VI., habe sie sich ausgezogen, sei aufs Feld gegangen und bildete sich ein, sie habe im Garten Schritte gehört.

Am 4. VI. sei sie wieder den ganzen Tag im Hause gewesen und habe gegrübelt. Nachts habe sie ruhig gelegen, manchmal sei sie aufgestanden und umhergegangen.

5. VI. Nachmittags stand sie auf und ging zu ihrer Nachbarin, holte sie zu sich; sie fühle sich so einsam, so schwach. Gestern abend besuchte sie noch Dr. B. (es liegt ein Brief bei von Dr. B., in dem er mitteilt, daß Frau F. über Nervenschmerzen klage und meine, sie sei schon lange schwanger. Dr. B. rät die Aufnahme in die Klinik).

Heute Nacht sei sie wieder öfter aufgestanden und umhergewandert. Gegen Morgen habe sie geschlafen, heute kam sie mit dem Zuge hierher. Unterwegs war sie sehr mißtrauisch, meinte, es ginge an einen falschen Ort. Hier in Kiel sprang sie aus der Droschke, schimpfte fortwährend, entschuldigte sich immer wieder.

In den letzten Tagen habe sie eine ausgesprochene Angst gehabt. Appetit und Verdauung seien in Ordnung. Über Menses sei nichts bekannt. Als Kind sei sie immer gesund gewesen. Aufgeweckt. Schon seit Oktober 1909 habe sie immer furchtbar viel Briefe geschrieben. Zur Zeit habe sie einen Prozeß mit einem früheren Agenten ihres verstorbenen Mannes, der von ihr Geld verlange, während er ihr früher gesagt habe, er verlange kein Geld für die Vertretung.

6. VI. Frau F. wird von der Nichte gebracht. Sie geht ruhig zur Abteilung, zuerst will sie nicht hier bleiben, es gefalle ihr hier nicht. Sie läßt sich beruhigen, sie ist orientiert. — Größe 1,48 m. Gewicht 102,5 kg. T. 37,3°. Sie ist eine große, kräftig gebaute Frau in gutem Ernährungszustand. Gesicht zurzeit lebhaft gerötet. Kopfumfang $56^1/_2$. Kopf auf Beklopfen und Druck nicht empfindlich. Pupillen mittelweit, gleich rund. Licht- und Konvergenzreaktion auf beiden Seiten prompt. Fazialis symmetrisch. Zunge nicht belegt, zittert etwas. Rachen gerötet, sonst ohne Befund. Tremor mannum nicht vorhanden. Reflexe der oberen Extremität etwas lebhaft. Achillessehnenreflex nicht auszulösen. Pat. hat Varizen. Gang ohne Befund. Romberg negativ. Sensibilität für leichte Berührung und Schmerzreize nicht gestört. Puls 90, leicht

geschlängelt. Gut gefüllt und gespannt. Lungenperkussion und Auskultation ohne Befund. Herzfigur nicht vergrößert. Perkussion durch starkes Fettpolster erschwert. Auskultation — leise, dumpfe Herztöne. Kein Geräusch. Großes, fettreiches Abdomen. Muskeln in starker Spannung, keine Druckempfindlichkeit. Urin hell und klar. Spez. Gewicht 1037. Zucker stark +. Kein Eiweiß.

Eltern: Der Vater ist über 50 Jahre alt geworden, an Magenleiden gestorben, die Mutter ist an Altersschwäche gestorben. Zwei Schwestern seien sehr nervös. Als Kind habe sie Masern und Scharlach gehabt, als junges Mädchen etwas Bleichsucht. Mit 21 Jahren habe sie geheiratet. Die Menses waren immer unregelmäßig 3—4- und 6-wöchentlich. Sie dauerten einige Tage lang in mittlerer Stärke, mit vielen Schmerzen verbunden, besonders die ersten.

Sie habe keinen Partus gehabt und keinen Abort. Im Sommer 1908 habe sie ein paar Monate die Empfindung gehabt, sie sei in anderen Umständen, darüber sei sie krank geworden, weil ihr niemand Aufschluß geben konnte. Ihre Nerven seien aufgebraucht gewesen, sie sei gänzlich arbeitsunfähig gewesen, habe sich immer so allein gehalten, ihr Mann habe sich wenig um sie gekümmert. Einmal sei sie weggelaufen an die Förde, sie selbst wisse nicht, was sie tun wollte, ihr Mann habe gesagt, sie habe sich das Leben nehmen wollen.

Sie kam in die Anstalt, dort habe sie erst nicht schlafen können, sie sei etwas ängstlich gewesen, habe sich aber überraschend schnell erholt. Weihnachten 1908 sei sie entlassen worden. Habe sich ganz wohl und zufrieden gefühlt und habe wieder angefangen zu arbeiten. Das Gefühl schwanger zu sein, habe sie nicht mehr in der Anstalt gehabt. 1909 habe sie dadurch viel Leiden gehabt, daß sie ihren kranken Mann pflegen mußte. Das habe sie angegriffen, ihn so leiden zu sehen (Ca. des Magens).

Seit März 1909 habe sie immer das Gefühl, schwanger zu sein, es gäbe ja Wunder, sie habe bis jetzt geglaubt und gehofft, es sei so. In letzter Zeit fühle sie sich so schwer im Leibe. —

September 1909 sei ihr Mann gestorben. Sie habe es verhältnismäßig leicht ertragen, weil der Mann so gelitten hatte. Am 1. Oktober sei sie nach Thalsdorf umgezogen, dadurch hätte sie viel Arbeit gehabt. Außerdem habe sie im Winter viel Schererei gehabt mit einem Hausverkauf, außerdem habe sie einen Prozeß mit einem Bekannten des Mannes gehabt, der sich während der Krankheit ihres Mannes in verschiedene Geschäfte desselben einarbeitete, dieselben ganz übernommen hat und nun behauptete, der verstorbene Mann habe ihm 800 Mk. als Entschädigung versprochen, was absolut nicht wahr sei. Wegen dieser Sache habe sie im letzten Winter sehr viel Briefe geschrieben. Seit der ersten Woche habe sie nicht mehr so viel arbeiten können wie sonst, fühlte sich etwas schwächer und habe sich in den allerletzten Tagen etwas mehr abgeschlossen, weil sie nicht viel sprechen wollte. Sei viel im Zimmer gewesen, habe viel über den Unterleib nachgedacht, weil sie noch an Wunder glaube, beschäftigt sich noch immer damit. Nachts, seit 3, 4 Tagen, habe sie sehr wenig geschlafen, habe viel vor sich hingesprochen. Sie könnte nicht liegen, sie hätte gar kein Schlafgefühl, stände häufig auf, zündete mehrmals die Lampe an, machte oft das Fenster auf, hörte einmal was im Garten gehen, blieb aber ruhig liegen, habe sich geängstigt und geschwitzt. Der Appetit in den letzten Tagen sei mäßig, sie lebe vegetarisch, trinke viel Wasser. Die Verdauung sei in den letzten Tagen unregelmäßig.

Keine Ohnmacht, keine Kopfschmerzen, kein Schwindel, sie sei nicht vergeßlich, ihr Mann habe das immer behauptet.

Fragt nach der Untersuchung im feierlichen Tone: Glauben Sie nicht an meine Schwangerschaft, es gibt Wunder.

6. VI. Liegt ruhig zu Bett, heute Nacht nach Schlafmittel gut geschlafen, hat viele kleine Wünsche, nörgelt viel, leicht gereizt. Im Urin $7^1/_2{}^0/_0$ Zucker.

Am 7. VI. $8^0/_0$ Zucker. Pat. ist ruhig und geordnet, hat viele kleine Wünsche, möchte in die Kirche, in die Stadt gehen. Glaubt fest, gravide zu sein, will in Geduld und Ergebung das Weitere abwarten.

Am 18. VI. $3^0/_0$ Zucker. In letzter Zeit nörgelt Pat. weniger als sonst. Geht täglich im Garten spazieren, hat keine Klagen, schläft gut.

Am 24. VI. Trommersche Probe +.

Am 25. VI. Im Polarisationsapparat heute kein Zucker zu konstatieren. Verhält sich ruhig und geordnet. Geht im Garten spazieren.

27. VI. Ruhig und geordnet, gut gestimmt, geht regelmäßig im Garten spazieren, bleibt bei ihrer Idee gravide zu sein.

Therapie: Bäder und Veronal.

Der Pflegebericht sagt im wesentlichen dasselbe.

Am 2. VII. Pat. wird entlassen. Gebessert.

Auch hier handelt es sich um Paranoia. Pat. glaubt an Wunder und ist fest überzeugt, gravide zu sein. Als Auslösungsmoment sind wohl die während der letzten Jahre überstandenen seelischen Aufregungen, der Kummer und ihre Zurückgezogenheit anzunehmen. Den Diabetes möchte ich weniger als Ursache des geistigen Defektes ansehen. In einer Abhandlung über Autointoxikationspsychosen betont Dauson, daß eine reine Diabetespsychose sehr selten ist.

Durch die Liebenswürdigkeit des H. Geheimrat Siemerling gelang es mir, etwas über den jetzigen Zustand der Pat. zu erfahren. Fräulein Th. befindet sich wieder im Amt und ist vollkommen überzeugt, daß ihre Schwangerschaft nur auf Wahnideen beruhte. Auch Frau F. ist geheilt. Sie befindet sich bei ihren Verwandten. Ihr Glaube an Wunder und an ihre Schwangerschaft ist nicht wiedergekehrt.

Wir lernen hier das erstemal echte paranoische Wahnideen des Schwangerseins kennen, Wahnideen, die verhältnismäßig leicht abheilen, so daß die Leidenden sogar ihren ursprünglichen Beruf wieder ergreifen und mit Erfolg betreiben können. Das zu merken ist sehr wichtig.

Bei der paranoischen Wahnidee des Schwangerseins ist die Scheinschwangerschaft weit nicht so ausgesprochen wie in den typischen Fällen der eingebildeten Schwangerschaft. Wie es scheint, hängt dieser Umstand hauptsächlich damit zusammen, daß die Wahnidee die spezifische Energie der hysterischen und der eingebildeten Ideen, die näher den physiologischen Verrichtungen des Organismus stehen und sie im Sinne ihres Inhaltes beeinflussen können, nicht hat, und die Wahnidee in dieser Beziehung unfruchtbar, man kann wohl sagen, ganz unfruchtbar sei. Die Wahnideen sind hauptsächlich fähig, affektive Verstimmungen: eine heitere Verstimmung oder eine tieftraurige sowie die verschiedenen Stufen, die dazwischen liegen, zu bewirken und leichte körperliche Symptome, hauptsächlich Mimik und Körperhaltungen, die den Verstimmungen ihren „fleischlichen" Ausdruck geben, zu provozieren. Darüber hinaus gehen Wahnideen gewöhnlich nicht und echte somatische Krankheiten nachzuahmen gelingt den paranoischen Wahnideen gar nicht.

Mit diesem Leitfaden in der Hand ist die Diagnose der paranoischen Scheinschwangerschaft nicht schwer zu stellen. Eine Wahnidee verrät sich äußerst leicht als eine solche zum Unterschied von einer eingebildeten und hysterischen Idee, die unnachahmbar künstlerisch eine Realität kopieren und ein Phantom als unverfälschte Wirklichkeit vor Augen führen können. Und ist einmal die Wahnidee als solche erkannt, so ist ihr paranoischer Charakter noch weniger schwer zu erkennen. Wir werden uns da von folgenden Momenten leiten lassen: Beginn der Krankheit subakut, Verlauf mehr chronisch; eine Heilung naheliegend, da die Wahnidee keine Nährstoffe für ihren Lebensunterhalt erhält und somit die für die Expansion nötigen Bedingungen ihr abhandkommen.

Die Behandlung in einer Irrenanstalt ist wohl die zweckmäßigste und erfolgreichste.

6. Graviditas spuria ex asthenia genitalis.

Die genitale Erschöpfung als auslösendes Moment der eingebildeten Schwangerschaft ist zwar keine seltene Erscheinung, typische klinische Bilder aber dieser Form der eingebildeten Gravidität, wo der Erschöpfungszustand des Genitalapparates im Vordergrund stünde, von keinen anderen Symptomen überdeckt und durch anderweitige Beimischungen nicht verdunkelt, sind nicht tagtägliche Beobachtungen und gar schwer anzutreffen. Um so bereitwilliger führen wir folgende zwei hierher gehörenden Beobachtungen.[1])

Fall I. 18jähriges, schwächliches Mädchen, auffallende Schönheit. Erste Periode im 16. Lebensjahre, also eine gewisse Spätreife. Leicht phthisischer Habitus mit beiderseitiger Apicitis und starkem Hilusschatten, sowie Spitzenverdunkelung im Röntgenbilde. Das Mädchen wurde mir von einem Internisten zugesandt, damit ich wegen der Phthise die Schwangerschaft unterbreche. Das Mädchen ist sehr verzweifelt und sichtlich geschwächt. Die Periode ist 3 Monate ausgeblieben. Ich finde aber keine Gravidität, sondern primäre Hypoplasie mit sekundärer Atrophie. Ich sage dem Mädchen den ganzen Befund und war sehr erstaunt, daß sie danach sich kaum ruhiger zeigte, vielmehr ganz verzweifelt still zu weinen begann. — Dieses zweifelhafte Benehmen klärte sich folgendermaßen auf: Seit vier Monaten hat sie intime Beziehungen zu einem jungen serbischen Kaufmann, der sie sehr gut hält, aber sexuell vollständig erschöpft. Sie hatte sehr bald jede Freude am Sexualverkehr verloren und die Schwangerschaft schien ihr fast wie eine Erlösung, weil sie darauf pochend, sexuelle Schonung durchsetzen konnte; vor einem operativen Eingriffe hätte sie gar keine Angst gehabt; wenigstens hätte sie einen Grund gehabt, sich der Unersättlichkeit ihres Geliebten einige Zeit zu entziehen. Nun sei sie aber derartig geschwächt, daß sie dieses Verhältnis nicht mehr aushalten könne. Es gelang mir, nach Rücksprache mit dem reichen Ausländer, ihr einen mehrwöchentlichen Aufenthalt allein auf dem Lande durchzusetzen.

Nach 6 Wochen war dort die Periode ohne jede andere Medikation nur bei Mästung und Sexualruhe wieder eingetreten.

Fall II. 23jährige, verheiratete Frau. Sie glaubt 6 Monate gravid zu sein. Auch der Arzt, der sie seit mehreren Jahren kennt, hat dies bisher angenommen, nunmehr beginnt er daran zu zweifeln. Die Frau ist in den letzten 3 Jahren sehr fett geworden, wohl hauptsächlich deshalb, weil ihr Gatte reich wurde und sie bis zu Mittag täglich im Bette bleibe. Objektiv keine Schwangerschaftserscheinungen, kein Kolostrum. Sie fühlt seit einigen Wochen deutlich Kindesbewegungen. Ich finde den Uterus kleiner als normal, dextroponiert, retrovertiert, auffallend weich. Die Adnexe außerordentlich zart, nur schwer zu tasten, vielleicht etwas fixiert. Reste einer alten parametranen Schwiele an der rechten Beckenwand. — Die nähere Anamnese zeigte wieder die von mir supponierte Ovarialerschöpfung. Sie war stets ein sehr lebhaftes, aufgeregtes Kind, das zeitlebens zwischen Ungarn, Rumänien und Wien herumgeschoben wurde. Sie gewöhnte sich im 5. Lebensjahre an, sehr häufig mit voller Voluptas zu masturbieren. Die erste Periode trat im 9. Lebensjahre ein und war von da an regelmäßig. Sie wollte sich zur Schauspielerin ausbilden. Sehr zeitiger Sexualverkehr. Mit 17 Jahren erster artifizieller Abortus durch einen Arzt. Bald darauf ein zweiter Abortus. Diesmal spritzte ihr eine Hebamme etwas in die Gebärmutter. Darauf Peritonitis und Exsudat im kleinen Becken. Damals dürfte die Schwangerschaft über 6 Monate gedauert haben und ihr die Empfindung der Kindesbewegungen gelehrt haben. Die Folgen dieses Abortus zogen sich lange Jahre hin. 1919 hat der Arzt vom vorderen Scheidengewölbe aus einen Adnextumor inzidiert, worauf klare Flüssigkeit in reichlicher Menge abfloß. Wahrscheinlich Hydrosalpinx der linken Seite. Allmählich Heilung, doch seit dem Eingriff stets starke Schmerzen bei der Periode. Inzwischen hat die Pat. geheiratet. sich jedoch nach wenigen Jahren wieder scheiden lassen. Der Geschlechtsverkehr mit ihrem Manne war stets unbefriedigend für sie gewesen.

Seit 1919 beginnende Fettsucht und Gleichgültigkeit in Sexualibus. Mai 1921 neue Ehe. Heftige Libido und vollständige Voluptas. Lebhaftes Liebesleben. Gleich darauf wurde die Periode vollständig schmerzlos, aber immer schwächer. Im Juli war sie überzeugt, schon 2 Monate gravid zu sein. Seit der neuen Eheschließung ist die früher sehr lästige Obstipation behoben; dafür Pollakurie. Sie wird immer dicker und fühlt allmählich Kindesbewegungen. Da sie sexuell wieder gleichgültiger wurde, ist sie sehr froh über die Schwangerschaft. Mein am 17. XI. 1921 erhobener Befund der Atrophie erklärt sich durch die Erschöpfung der Ovarien einerseits, infolge des vorzeitig begonnenen Geschlechtslebens, andererseits durch die schwere Infektion nach dem Abortus und schließlich durch die Erschöpfung der geschädigten Ovarien in den ersten Monaten der neuen, sonst so befriedigenden Ehe.

---

[1]) Aus den Beobachtungen Hofstaetters.

Eingehender Kommentare bedürfen die zwei angeführten Fälle nicht. Die Asthenia genitalis, die, wie es scheint, allein an der Amenorrhoe dieser beiden Kranken die Schuld getragen hat, kann als direkte Ursache der eingebildeten Schwangerschaft angesehen werden. Angesichts der sexuellen Ruhe, die die Kranken nötig hatten, konnte die Amenorrhoe psychisch nicht anders verarbeitet werden als ein sicheres Symptom der erlösenden Schwangerschaft. Die Erschöpfung des Geschlechtsapparates selbst kann weder in dem ersten noch in dem zweiten Falle irgendeinem Zweifel unterliegen, da der objektive Befund — Hypoplasie und sekundäre Atrophie der Geschlechtsorgane im Falle I, Atrophie und schwere Veränderungen der Genitalien infolge einer Infectio gravis im Anschluß an einen kriminellen Abort im Falle II — eindeutig für eine absolut sichere asthenia genitalis spricht.

7. Die vorgetäuschte Schwangerschaft.

Interessante Fälle von mit böser Absicht vorgetäuschter Schwangerschaft teilt Hofstaetter (85) mit. Wir lassen hier seine zwei Fälle folgen.

Fall I. E. M., 24jährige Köchin, die vor 5 Jahren geboren hat, kommt im Juli 1916 in die Sprechstunde mit einer Einkauftasche voll blutgetränkter Wäsche, macht die Angabe, seit 4 Tagen sehr stark zu bluten, nachdem die Periode 2 Monate ausgeblieben war. Jetzt blute sie nur mehr wenig, habe aber große Schmerzen und Fieber. Es seien auch Klumpen abgegangen, diese könne sie jedoch nicht mehr zeigen, weil sie dieselben weggeworfen habe. Die Untersuchung ergab außer einem alten, gut vernarbten Dammriß und einer leichten Lazeration in der Zervix einen völlig normalen Genitalbefund. Zervikalkanal geschlossen, kein Kolostrum. Der Uterus war nicht im mindesten vergrößert, die Portio ganz hart. Ich wollte genau nach irgendeiner Verletzung des Genitales suchen, da ich einen kriminellen Abort für wahrscheinlich hielt. Nachdem ich jedoch das äußere Genitale und die Scheide vom Blute gereinigt habe, fiel mir der vollständig normale Befund noch mehr auf; von einer Verletzung keine Spur. Die große Erregung der Pat., die inzwischen schon erklärt hatte, sie bitte um ein Zeugnis darüber, daß sie gerade abortiert habe, war sehr verdächtig. Bei der neuerlichen Untersuchung der blutigen Wäsche fiel es mir auf, daß die Blutflecken fast alle noch feucht waren, was doch mit dem Genitalbefund nicht übereinstimmen konnte. Während dieser Untersuchung hatte die Pat. schon in großer Erregung erzählt, daß sie es wegen dieser Schwängerung und wegen des Abortus eventuell auf einen Prozeß ankommen lassen werde, falls ihr Dienstherr nicht gutwillig zahle; ich glaubte nun den ganzen Schwindel zu durchschauen und trug die Tasche mit der blutigen Wäsche in einen Nebenraum und erklärte der Pat., daß das ärztliche Zeugnis noch viel wirksamer sein würde, wenn wir die Blutreste vom gerichtsärztlichen Institut untersuchen lassen, „sonst könnte sich die Gegenpartei vielleicht darauf ausreden, daß dieses kein Blut aus der Gebärmutter gewesen sei.“ Diese Feststellung könnte ich aber nicht unter Eid als Zeuge vor Gericht aufrechterhalten; die gerichtsärztliche Untersuchung, die ja nichts koste, würde es vollständig einwandfrei klarlegen, daß sie ganz im Rechte sei und daß es lächerlich sei, zu behaupten, das Blut stamme aus einer anderen Körperstelle von ihr oder stamme etwa gar von einem Tiere. Nun aber wollte die Köchin von dieser Untersuchung nichts wissen und bat mich um Zurückgabe der Wäsche. Auf meine entschiedene Weigerung folgten alle denkbaren Schwüre, größte Erregung und schließlich das Geständnis. Sie wüßte, daß sie ganz gesund sei, die Periode sei nicht gestört, das Blut stamme von zwei frischgeschlachteten Hühnern. Durch die weitere Drohung mit der gerichtlichen Anzeige brachte ich die Köchin dazu, auf ihren Erpressungsplan zu verzichten.

Fall II. A. Sch., 38jährige Postbeamtin, ledig. Kam im Herbst 1918 wiederholt in meine Sprechstunde; sie hatte bereits zwei artefizielle Schwangerschaftsunterbrechungen von 14 und 10 Jahren hinter sich. Amenorrhoe seit August 1918. Beginnende Uterusatrophie. Wahrscheinlich Klimakterium praecox. Sie glaubte jedoch noch im November unbedingt gravid zu sein; sie scheint auch andere Ärzte konsultiert zu haben. Sie bat immer wieder um eine Auskratzung, selbst wenn sie nicht gravid wäre, es könne ja doch nicht schaden, früher könnte sie nicht zur Ruhe kommen. Eine andere Therapie lehnte sie absolut ab. Vom September bis November machte die Atrophie bedeutende Fortschritte. Ende November kam sie, nachdem ich sie erst vor drei Tagen genauestens untersucht habe, plötzlich mit mehreren blutigen Handtüchern wieder. Nun sei doch ein großer Klumpen Fleisch abgegangen und sie hätte sehr stark geblutet. Sie wisse ganz genau, daß sie jetzt abortiert habe und unbedingt ausgekratzt werden müsse. Ich fand die Vulva blutig, die Vagina rein, sonst denselben Befund, wie vor drei Tagen, hochgradige Atrophie; nichts, was auf eine eben stattgehabte Blutung deuten würde. Sehr erregtes Drängen nach Kürettement. Das Blut in der Wäsche noch feucht! Ich sagte ihr den Schwindel auf den Kopf zu: „Frisches Tierblut!" „Also bin ich gewiß nicht schwanger?" „Wenn sie mir jetzt noch nicht glauben, führe ich sie auf die psychiatrische Beobachtungsstation." Geständnis: Tierblut. Näheres wollte sie nicht angeben. Beruhigt sich sehr rasch und scheidet sehr glücklich von mir.

Einen eigenartigen Fall von vorgetäuschter Schwangerschaft teilt noch Blumreich mit:

36jährige, zum zweiten Male mit einem Buchhändler verheiratete Frau. Hat nie geboren. Im Anfang der ersten Ehe zweimal artefizieller Abortus. Später jahrelang starke Beschwerden durch Endometritis und Adnexschwellung. Vor 4 Jahren Laparotomie: Exstirpation des Uterus, beider Tuben des rechten Ovars. Appendektomie. Ich assistierte damals und sah die Dame in den nächsten Tagen zweimal in Vertretung des Kollegen. Es blieb in der Vaginalnarbe ein sehr hartnäckiges Granulom, das oft einen stark blutig tingierten Fluor produzierte, den sie vor ihrem zweiten Gatten nicht ganz mit Unrecht als Menstruation bezeichnete. Eine vikariierende Menstruationsblutung war ja nicht auszuschließen. Nach der Scheidung von ihrem ersten Gatten heiratete sie den Buchhändler, der sich sehnlichst Kinder wünschte. Die Frau verschwieg ihm absichtlich, daß sie gar keine Gebärmutter mehr habe. Zu Beginn der neuen Ehe simulierte sie einen spontanen Abortus. Später hörte sie durch eine Freundin recht genaue Details über eine Bauchhöhlenschwangerschaft. Da ihr Mann stets ein Kind wollte und sie es immer versprach, kam sie schließlich in die Zwangslage, wieder etwas vortäuschen zu müssen. Nachdem sie zuerst angegeben hatte, wieder gravid zu sein und das linke Ovar von einem Arzte als fast faustgroß bezeichnet wurde (Tumor ovarii, vielleicht zystisch), erklärte sie ihrem Gatten, daß sie eine Bauchhöhlenschwangerschaft trage. Der seinerzeitige Operateur (Doz. Dr. Foges) war inzwischen gestorben. Pat. wußte es zu verhindern, daß der Gatte mit einem anderen Arzte spreche. Sie hatte ihren Gatten, der ohnehin nicht ärztefreundlich war, so in ihrer Gewalt, daß er ihr allein glaubte.

Ihre Beschwerden von seiten ihres Ovarialtumors wurden immer ärger. Die angebliche Schwangerschaft hätte auch schon 6 Monate alt sein müssen. Ihr Arzt drängte auf eine Operation, zu der sie sich jedoch nicht entschließen konnte, weil sie sich einerseits vor dem Eingriff, andererseits vor der Entlarvung fürchtete. In diesem Zustande kam die Dame zu mir, natürlich mit einer möglichst gefälschten Anamnese. Die oben berichtete Krankengeschichte kam erst viel später zustande, nachdem es mir gelungen war, die einstige Operationsdiagnose festzustellen. Ich mußte ebenfalls die Laparatomie für notwendig erklären. Ich wollte jedoch noch warten, bis ich die Anamnese genügend genau wußte und das Vertrauen der Dame gewonnen hätte; denn daß da viel Lüge und vielleicht auch Selbstbetrug dahinterstecke, war mir gleich klar. Ich versprach ihr, diesen gordischen Knoten zu lösen, ohne sie vor ihrem Gatten zu blamieren. Jedoch dürfe sie nie wieder einen Schwindel auf Kosten meiner Anständigkeit versuchen und müsse mir erlauben, ihrem Gatten nach der Operation sofort mitzuteilen, daß sie nie wieder in die Hoffnung kommen könne.

Bei der Operation hatte ich Glück, da ich das linke Ovar in eine große, vielfach verwachsene Corpus-luteum-Zyste verwandelt vorfand, die beim Ausschälen einriß und schokoladenförmigen Brei entleerte. Ich mußte das Ovar vollständig entfernen und wegen der Eröffnung kleiner, abgekapselter Eiterherde an der Stelle des exstirpierten Uterus und wegen des hartnäckigen Granuloms die Vagina neuerlich eröffnen. Das Wundbett wurde nach unten drainiert. Der mißtrauische Gatte wollte durchaus sehen, was entfernt worden war. Ich sah mich gezwungen, ihm zu erklären, daß es möglich sei, daß diese alten blutigen Massen durch eine vorhandene, aber in Rückbildung begriffene Eierstockschwangerschaft entstanden seien. Glatte Heilung.

Die Berücksichtigung der vorgetäuschten Schwangerschaft bei der Besprechung der eingebildeten Schwangerschaft dürfte nicht fehlen. Die Veranlassungen, eine Schwangerschaft vorzutäuschen, sind so viele, daß die vorgetäuschte Schwangerschaft bei den Frauen häufig vorkommt und die Differentialdiagnose: eingebildete Schwangerschaft oder vorgetäuschte Schwangerschaft ist immer im Auge zu halten. Sind ausgesprochene Zeichen der Schwangerschaft vorhanden und ist bei der Untersuchung keine Gravidität festzustellen, so ist die Möglichkeit einer vorgetäuschten Schwangerschaft nicht ausgeschlossen, obwohl wir nur von Scheinschwangerschaft sprechen werden, sollten wir die betrügerischen Absichten der Kranken zu entlarven nicht imstande sein. Daß der bloße Wunsch, eine Gravidität vorzutäuschen, Zeichen der Schwangerschaft produzieren könnte, dürfte nicht ohne weiteres als Sache der Unmöglichkeit hingestellt werden, obwohl wir über derartige Beobachtungen nicht verfügen und der Beweis für eine solche Möglichkeit ausbleibt. Ein krankhaft veränderter Wunsch ist unabhängig von seinem Inhalt potentiell fähig, somatische Veränderungen (Symptome) hervorzurufen.

Die vorgetäuschte Schwangerschaft ergibt sich aber in ihren Folgeerscheinungen als eine viel ernstere Krankheit als die eingebildete Gravidität. Die ganze moralische Persönlichkeit wird bei den immerwährenden Betrügereien und den nie fehlenden Befürchtungen der möglichen Entlarvung, die zum Ausdenken von neuen, sichereren und raffinierteren Vortäuschungen führten, in Mitleidenschaft gezogen, dabei wird der ganze psychische Apparat so überanstrengt und erschöpft, daß es zu einer völligen Zerrüttung des psychischen Organismus kommen kann. Die länger dauernden vorgetäuschten Schwangerschaften werden darum schließlich leicht als solche erkannt. Die Kranken übermüden sich in ihrem Gauklerspiel, halten die seelische Überspannung nicht aus und merken sie noch dazu, daß ihr Spiel belauscht wurde, legen sie ihr Geständnis ab und ermöglichen so die richtige Diagnose statt der richtigen Vermutungsdiagnose zu stellen.

8. Historische Fälle der eingebildeten Schwangerschaft und besonders seltene Beobachtungen von Scheinschwangerschaft.

Wie oft die eingebildete Schwangerschaft vorkommt, ist unter anderem noch aus der Tatsache, daß selbst die Großen dieser Welt diesem Schicksale nicht entgangen sind, zu urteilen. Es sind mehrere Fälle von eingebildeter Schwangerschaft bei Königinnen und Kaiserinnen bekannt; einige solche historische Fälle von Scheingravidität wollen wir nachfolgend mitteilen.

a) Die eingebildete Schwangerschaft der letzten Kaiserin aller Reußen Alexandra Fjodorowna.

Der ehemalige Minister (zeitweise auch Ministerpräsident) am russischen Hof Graf Witte führt in seinen im Jahre 1923 erschienenen Memoiren (russisch) folgenden Beweis für die Hysterie der letzten russischen Kaiserin an.

Die Kaiserin wollte einen Sohn haben, der liebe Gott gab ihr aber vier Töchter. Da ließ sie sich bei dieser Gelegenheit von dem Charlatan Dr. Philipp beeinflussen. Dieser Philipp suggerierte der Kaiserin, daß sie nunmehr einen Sohn gebären wird, und so nahm sich die Kaiserin in den Sinn, daß sie schwanger sei. Es traten die letzten Monate der

Schwangerschaft ein. Die Kaiserin zog die „Schwangerschaftstracht" an, die sie auch während den vorausgegangenen Schwangerschaften anzuziehen pflegte, hatte kein Korsett mehr an. Alle bemerken, daß die Kaiserin ungewöhnlich dick geworden ist und waren überzeugt, die Kaiserin sei schwanger. Der Kaiser freute sich sehr darüber, und dem Kaiserreich Rußland wurde offiziell die Schwangerschaft der Kaiserin bekannt gemacht. Die Kaiserin stellte ihre Spaziergänge ein.

Es vergingen neun Monate. In St. Petersburg erwartete man von Tag zu Tag das Salutschießen der Geschütze der Peter-Paul-Festung, das die Bevölkerung durch die Zahl der abgegebenen Schüsse von der Geburt eines Sohnes oder einer Tochter in Kenntnis setzen soll. Die Kaiserin ging nicht mehr herum und blieb die ganze Zeit zu Bett. Der Leib-Geburtshelfer der Kaiserin Prof. Dr. Ott übersiedelte mit seinen Assistenzärzten nach Petershof und wartete von Stunde auf Stunde auf das Eintreten des großen Ereignisses. Die Entbindung wollte aber nicht eintreten. Dann versuchte Prof. Ott die Kaiserin und den Kaiser zu überreden, man möchte ihm erlauben die Kaiserin zu untersuchen. Die Kaiserin ließ sich nämlich vor dem Eintritt der Geburt überhaupt nicht untersuchen. Schließlich gab die Kaiserin nach und ließ eine Untersuchung zu. Ott untersuchte und erklärte, die Kaiserin sei nicht schwanger und ist wohl nicht schwanger gewesen, was in entsprechender Form ganz Rußland bekannt gemacht wurde.

b) Die eingebildete Schwangerschaft der serbischen Königin Draga.

Die eingebildete Schwangerschaft der Königin Draga beobachteten die russischen Geburtshelfer: Prof. W. F. Snegirjow und Prof. A. P. Gubarjow. Sie heben bei der Beschreibung der Scheingravidität der serbischen Königin folgende auslösende Momente bzw. Eigentümlichkeiten des Falles hervor: 1. Unüberwindlicher Wunsch, Nachkommen zu haben, womit die Interessen der Dynastie der Obrenowitschi verknüpft waren. 2. Eine eigenartige Nervosität der Königin; 3. Die eingetretene Adipositát, insbesondere die großen Ablagerungen von Fett im Netze; 4. Ein stark aufgetriebener Bauch; 5. Entzündliche Erscheinungen in der weiblichen Geschlechtssphäre.

Alle subjektiven Erscheinungen, die für Gravidität sprechen, waren aufgetreten: Die Menstruationen sind ausgefallen, die Königin fühlte Kindsbewegungen, die Brüste sonderten Kolostrum ab, und es traten schon Geburtswehen auf, so daß die Ärzte, die die Königin beobachteten, an Prof. Snegirjow, der unterwegs in Wien war, telegraphierten, er möchte seine Ankunft in Belgrad womöglich nicht länger verschieben.

Der objektive Befund ergab, daß bei der Königin eine eingebildete Schwangerschaft bei allgemeiner Verfettung und Menopause bestehe.

c) Die eingebildete Schwangerschaft der Königin Mary Tudor.

Die Königin von England, Mary Tudor, auch als „Bloody Mary" bekannt, ist im Jahre 1516 als Tochter Heinrichs VIII. geboren. Den Angaben von Dr. A. W. Ellis nach stammte die Königin einer psychopathischen Familie ab, war selbst psychopathisch veranlagt und körperlich minderwertig. Was ihre Schwangerschaft anlangt, so handelte es sich um eine eingebildete Schwangerschaft, von deren Echtheit aber nicht nur die Königin sondern ihr Gatte und alle Welt überzeugt waren. Es bestanden dabei Symptome der Schwangerschaft: „Her Menses stopped, her breasts grew discolored around the nipples, her abdomen enlarged, and morning sickness was so nauseating, that the could hold nothing in her stomach.“ (Ihre Menses blieben aus, die Brüste wurden groß, der Warzenvorhof stark pigmentiert, der Bauch nahm an Umfang zu, und morgens hatte sie an einer so bösen Nausea zu leiden, daß sie nichts zu sich nehmen konnte; der Magen gab alles wieder zurück.) Die Schwangerschaft endete natürlich mit nichts. Es soll am Hof einen furchtbaren Skandal gegeben haben.

Die „kaiser-königlichen Scheinschwangerschaften“, die wir oben angeführt haben, bieten nichts Besonderes dar und unterscheiden sich nicht viel oder überhaupt nicht von den Fällen von eingebildeter Gravidität, die wir oben durchgenommen haben. Hätten wir es nicht mit historischen Fällen zu tun, die einen Beweis mehr für die Häufigkeit des Vorkommens der eingebildeten Schwangerschaft liefern, wir hätten keinen Grund dieselben anzuführen. Hingegen ist es angezeigt, diesen historischen Fällen einige besonders seltene Fälle von eingebildeter Schwangerschaft, die sogar als Unikum betrachtet werden können, an die Seite zu stellen.

d) Besonders seltene Beobachtungen von Scheinschwangerschaft.

Da ist zu erwähnen die Beobachtung G. de G. Griffith, wo es sich um eine eingebildete Schwangerschaft handelte, die nicht nur Kindsbewegungen in der Anamnese zu verzeichnen hatte, sondern selbst „Kindsstimmen“! Es handelte sich um einen „case of physometra“ (ein Fall von Physometra), wo die Sensationen, die durch das Entweichen der Luft aus dem Uterus aufgetreten, das Gefühl als ob „das Kind in der Gebärmutter schreie“ („and sometimes evens hear it cry“) bei der „Mutter“ weckten. Nachdem die Luft aus dem Uterus entleert war, fühlte die Kranke große Erleichterung. Einige Jahre später erlebte aber die Patientin wieder eine Scheinschwangerschaft mit Kindsstimmen, da die Physometra zu neuer Ausbildung gelangt war.

Ein ungewöhnlicher Fall von eingebildeter Gravidität ist der Fall Marie Gibaud bei M. F. Montgommery. Die Gibaud hatte zwanzig Jahre hindurch alle 10 Monate eine falsche Geburt durchzumachen und dazwischen eine typische Scheinschwangerschaft mit den üblichen Symptomen der Gravidität. Die Kranke starb an einer Gehirnkrankheit. Man fand bei der Autopsie ein außergewöhnlich fettreiches Netz, sonst normale Verhältnisse. Wie man diese „habituelle Scheinschwangerschaft“ deuten soll, ist schwer zu sagen. Es liegt nahe anzunehmen, daß die Gehirnkrankheit (Hypophyse?) dabei eine Rolle spielte.

Eine etwas „drollige“ Scheinschwangerschaft ist der Fall, den Tichener mitteilt. Der Arzt, der eine Scheingravide entbinden sollte, forderte die Kranke auf, sie soll aus Leibeskräften drücken. Im Resultate hallte eine Gasdetonation aus dem Darme und damit war die Geburt zu Ende.

Casalis teilt zwei Fälle von eingebildeter Scheinschwangerschaft mit, wo die Periode 12 und 24 Monate nacheinander ausgefallen ist. Aufgefallen ist bei den Kranken eine starke Adipositas: Mächtige Fettanhäufungen am Bauche und Amenorrhoe haben, wie so oft. auch in diesen Fällen die Schwangerschaft vorgetäuscht. Was aber in den Fällen Casalis das merkwürdige ist, ist der Umstand, daß nach gründlicher Lipektomie die Menstruationen sich wieder regelmäßig eingestellt haben.

Es wird noch viel erzählt über kriminelle Aborte bei Schwangeren, die gar nicht schwanger sind. In manchen Fällen sind 3—4 Aborte bei einer Person vorgenommen worden, wo in keinem Falle Schwangerschaft bestanden hat. Weiter gibt es viele Mitteilungen über Fälle von eingebildeter Schwangerschaft, die kleine Abweichungen von dem Typus aufweisen, die aber alle hier nicht erwähnt zu werden brauchen, da wir dabei kaum etwas wesentlich Neues und praktisch wichtiges erfahren werden und sie auch für die Vollständigkeit unserer Monographie nicht in Betracht kommen. Wir glauben dieselbe auf einem anderen richtigeren Wege erreicht zu haben. Doch bleibt es uns noch übrig, über die Therapie der eingebildeten Schwangerschaft zu sprechen, ein Kapitel, das in der Literatur über die eingebildete Schwangerschaft so gut wie gar nicht behandelt wird, bei uns aber nicht fehlen soll. Das wenige, das wir über die Therapie der graviditas spuria mitzuteilen haben, wird, so hoffen wir, in der Praxis Nutzen bringen und dem Arzt eine größere Sicherheit und ein stärkeres Selbstvertrauen bei seinem Auftreten der Kranken gegenüber verleihen. Diese zwei Qualitäten im Auftreten des Arztes — Sicherheit und Selbstvertrauen — sind allein für sich therapeutisch wichtig, und versteht der Arzt diese seine erste heilende Wirkung durch entsprechende Maßregeln zu unterstützen, so ist der Erfolg gesichert. Diesen Erfolg dem Arzt, der uns bis hierher gefolgt ist, erzielen zu verhelfen, ist Aufgabe des nun folgenden letzten Kapitels unserer Forschung.

9. Die Therapie der eingebildeten Schwangerschaft.

In vielen Fällen von eingebildeter Gravidität ist die richtige Diagnose, an Ort und Stelle der Patientin mitgeteilt, die alleinige wirksame Therapie. Das gilt nicht nur für die Fälle von Schwangerschaftstäuschung, sondern selbst für die echte eingebildete Gravidität, die viele Monate hindurch gedauert hat und man nun die Geburt erwartet. Dr. A. J. M. (Med. World, 1902) erzählt, daß er einmal zur Entbindung gerufen worden ist. Die 42jährige Kreißende hatte regelmäßige, alle 5 Minuten wiederkehrende Preßwehen. Er fand einen atrophischen Uterus und sagte der Frau, daß sie weder jetzt, noch jemals anders gebären würde und die Kranke „got up, dressed herself and got supper" (stand auf, zog sich an und ging zu Tisch essen). Also, ist es selbst dort, wo die eingebildete Gravidität 9 und mehr Monate gedauert hat und die Entbindung unter Wehen stattzufinden hatte, möglich, daß die richtige Diagnose ohne weiteres Hinzutun ihre magisch wirkende Heilung zeigt. Offenbar handelt es sich nur um solche Fälle, wo die Erschöpfung durch die langdauernden Vorgänge von der eingebildeten Schwangerschaft ihren Gipfel in den schmerzhaften Wehen erreicht hat, die Diagnose des Arztes, die die Schwangerschaft verneint, als eine echte Erlösung von den Qualen am rechten Ort erscheint und die Kranke sich ohne weiteres heilen läßt.

Nicht immer aber steht es so einfach mit der Therapie der eingebildeten Schwangerschaft. Sehr oft wird der Arzt dann zu Rate gezogen, wo die Krankheit nicht ihrem natürlichen Ende nahesteht, sondern sich in der Blütezeit ihrer Entwicklung befindet und sie alle ihre Jugendkräfte mobilisiert, um jedem „feindlichen" Auftreten des Arztes allen Trotz und Starrsinn der Jugend zu bieten und den Sieg davonzutragen.

Auch in solchen therapeutisch schwierigen Fällen von eingebildeter Schwangerschaft ist die richtige Diagnosestellung die erste und die Hauptbedingung einer erfolgreichen Therapie. Solange der Arzt in seiner Diagnosestellung die nötige Sicherheit nicht erreicht hat, wird er in seinen therapeutischen Maßregeln sicher scheitern. Ist aber die Richtigkeit der Diagnose gesichert, so kann der Arzt weiter erfolgreich therapeutisch wirken.

Handelt es sich z. B. um einen gewöhnlichen Fall von Graviditas spuria psychoneurotica ex sterilitate, so wird die Therapie natürlich hauptsächlich eine Psychotherapie sein müssen. Nachdem die Diagnose eingebildete Schwangerschaft sichergestellt ist, wird der Arzt alle die psychischen Eigentümlichkeiten des Falles studieren, um im Einklang mit diesen die Psychotherapie einzuleiten. Er wird dabei nie, wie es in den Fällen, wo sich die eingebildete Schwangerschaft in den Geburtswehen windet, zulässig und selbst angezeigt ist, die Diagnose der Frau direkt sagen, sondern er wird alle seine „ärztliche Diplomatie" ins Werk setzen müssen, um auf gewissen Umwegen zum Ziele zu gelangen. Ist aber der Arzt nicht vorsichtig genug und er einer Scheingraviden, die fest von ihrer Schwangerschaft überzeugt ist, sein Dementi direkt ins Gesicht schleudert, so riskiert er oft, einen schweren hysterischen Anfall auszulösen; er findet auch keinen rechten Glauben und wird gewöhnlich durch einen anderen Arzt ersetzt.

Das richtige Verfahren ist in solchen Fällen, die Frau zunächst nicht aller ihrer Hoffnungen auf einmal zu berauben. Man bedenke, daß bei einer unfruchtbaren Frau die Schwangerschaft, die zuletzt eingetreten sein soll, das größte Ereignis ihres Lebens, die Verwirklichung des unerreichbaren Ideals der Mutterschaft, die Erfüllung des Vermächtnisses, das durch die Natur jeder Frau gesteckt ist. Also, Vorsicht! Nur nicht auf die Frau losgehen! Man nehme mit der Frau genau die Anamnese wieder einmal durch, man mache sie auf diese und jene Erscheinung, die einer Schwangerschaft nicht ganz entsprechen, aufmerksam, man unterziehe zusammen mit ihr sämtliche bestehende Symptome der Schwangerschaft einer allgemeinen Revue und bemühe sich dabei, die Unzuverlässigkeit der Symptome, ihre zweifelhafte Natur klarzulegen, und hat man so die Frau an den Gedanken einer möglichen Scheinschwangerschaft gewöhnt, so sucht man den passenden Moment, um ihr den wahren Sachverhalt ohne jede Verfärbung vorzutragen. Auf solche Weise gewinnt man das Zutrauen der Frau und sie zweifelt nicht mehr die Autorität des Arztes an, dessen Worte sich ihr nunmehr als etwas Selbstverständliches präsentieren. Eine solche Therapie kann je nach dem Falle in 1—3 Sitzungen erfolgreich zu Ende geführt werden.

Bestehen irgendwelche nervöse Erscheinungen, die bei der eingebildeten Schwangerschaft eine weit nicht seltene Erscheinung ist, so werden wir zu den so vielen Nervina greifen und da, je nach dem Falle, die entsprechende Wahl treffen. An erster Stelle werden wir die Bromsalze vielleicht in ihrer Erlenmeyerschen Mischung verwenden (Kalii bromati, Natrii bromati āā 4,0, Amm. bromati 2,0, aq. dest. ad 200,0. MDS. bis 5 Eßlöffel pro Tag). Bei andauernder Schlaflosigkeit, Kopfschmerzen, Herzklopfen, dyspeptischen Erscheinungen werden wir die gebräuchlichen Mittel verwenden (Trional, Sulfonal, Tinct. valerianae camph., Coffeinum natrio-salicyl., Amara und Orexin (bei Appetitlosigkeit), Kissinger Rakoczy, Wiesbadener Kochbrunnen, Fleischextrakt, Salzsäure und Pankreon (3 mal täglich 0,5) (bei Anazidität und Achilie), Alkalien mit Morphium (Magnes. ust. 15,0, Morphini 0,1, messerspitzenweise (bei Superazidität)].

Machen sich Erscheinungen seitens der Drüsen mit innerer Sekretion besonders bemerkbar, so daß es z. B. selbst zu akromegalischen Erscheinungen kommt, so werden wir vielleicht eine entsprechende Organotherapie einleiten, obwohl erwiesenermaßen diese Symptome auf bloße Psychotherapie beim Schwund der sonstigen Symptome der Schwangerschaft zurückgehen.

Handelt es sich hingegen um eine Graviditas spuria psychoneurotica simplex, so werden wir vielmehr die Psychoneurose als die „Schwangerschaft“ zu heilen haben. Diese Therapie wird sich also kaum von derjenigen einer gewöhnlichen Neurose zu unterscheiden haben.

Die Scheinschwangerschaft der Geisteskranken gehört in eine geschlossene Irrenanstalt, wo allein eine erfolgreiche Therapie möglich ist. Die Prognose der paranoischen Scheinschwangerschaft scheint eher günstig zu sein und selbst Restitutio ad integrum kommt hier und da vor.

Dort, wo die Unfruchtbarkeit der Frau eine anatomische Unterlage hat, besteht die Therapie der eingebildeten Schwangerschaft unter anderem hauptsächlich darin, um die Wiederholung der Scheinschwangerschaft zu verhüten. Man tut gut, die Frau davon in Kenntnis zu setzen, daß sie nicht gebären könne und etwaige auftretende Sensationen in den Genitalorganen nicht als Schwangerschaftszeichen auffassen darf, indem sie sich über solche Sensationen einfach hinwegsetzt.

Die Therapie der eingebildeten Schwangerschaft ist im großen und ganzen so ziemlich jedem Arzte gut zugänglich. Die Mißgriffe, die da passieren, rühren hauptsächlich daher, daß die wahre Natur der eingebildeten Schwangerschaft nicht richtig erkannt wird und dann ist natürlich auch eine richtige Behandlung Sache der Unmöglichkeit. Man kann also bei der eingebildeten Gravidität mit mehr Recht als irgendwo anders sagen, daß die richtige Diagnose einen guten Teil der Therapie, manchmal aber die ganze Therapie (s. oben) ausmache. Schade nur, daß die Diagnosestellung der eingebildeten Schwangerschaft zu den schwierigsten gehört und selbst dem erfahrensten Gynäkologen unerwartete Überraschungen passieren. Eine Änderung zum Besten ist bei dem immerwährenden Fortschritt der Wissenschaften auch hier zu erwarten. Und so geben wir hier zuletzt unserer festen Überzeugung Ausdruck, daß der immer vorwärtsdrängende Progreß der Wissenschaft auch die Diagnostik der Scheinschwangerschaft auf eine höhere Stufe der Genauigkeit, wenn nicht zu vollständiger Unfehlbarkeit bringen wird und somit die Therapie der eingebildeten Schwangerschaft die schönsten, reifsten Früchte zeitigen wird!

Literatur.[1])

1. Albrecht, München, Paradoxe Geburtssymptome. Münchener Tierärztliche Wochenschrift, 1911, Nr. 26, 27. — 2. Antonen, E., Erlebnisse eingebildeter Schwangerschaft. Engström, Mitteilungen. Bd. XI. 1918. S. 171. — 3. Aschner, B., Die Blutdrüsenerkrankungen des Weibes. Wiesbaden, Verlag Bergmann, 1918. — 4. Aschner, B., Die Konstitution des Weibes in ihren Beziehungen zur Gynäkologie und Geburtshilfe. Wiesbaden, Bergmann, 1924. — 5. Bab, H., Demonstration in der Münchener Gyn. Gesellschaft. Sitzung vom 14. II. 1918. Ref. Monatsschr. f. Geb. u. Gyn. Bd. 49, S. 209. — 6. Bahnson, New Orleans Med. and Surg. J. April 1887. — 7. Bancroft, The natives races of the Pacific States of North America. London 1875. pag. 412 u. 585. — 8. Bauer, Julius, Wien, Die konstitutionelle Disposition zu inneren Krankheiten. Berlin 1917, Springer. — 9. Bichebois, Thèse de Nancy, 1904. Zit. nach Spinner. — 10. Biedl, A., Innere Sekretion. Wien-Berlin 1916. — 11. Binz, Ferdinand, Hungerblockade und Frauen. Süddeutsche Monatshefte, 17. 1920, 2, S. 28. — 12. Birnbaum, Über degenerativ Verschrobene. Monatsschrift f. Psychiatrie u. Neurologie. XII. Nr. 4. — 13. Blechmann, Hans, Grossesse nerveuse. In.-Dissert. Bonn, April 1912. — 13a. Bleuler, E., Das autistisch undisziplinierte Denken in der Medizin und seine Überwindung. Berlin 1919, Springer. — 13b. Bleuler, E., Lehrbuch der Psychiatrie. Berlin 1916, Springer. — 14. Blumreich in der Diskussion zu Bröse. Berlin 1921. — 15. Boas, Kurt, Rostock, Kriminologische Studien. Weitere Beiträge zur forensischen Gynäkologie. Gross' Archiv für Kriminalanthropologie und Kriminalistik. Bd. 59. 1914. — 16. Boas, Kurt, Zur forensischen Beurteilung von vermeintlich Schwangeren. Ebenda. Bd. 66. 1916. — 17. Bröse, Hysterie und Frauenkrankheiten. Verhandlungen des Ges. f. Geb. u. Gyn. zu Berlin, 27. V. 1921. Ref. Zeitschr. f. Geb. u. Gyn. Bd. 85. — 18. Brown, W. N., Med. World, 1902. — 19. de Bruin, Geburtshilfe bei kleineren Haustieren. Zit. nach Raitsitz. — 20. Busse, Ludwig, Geist und Körper, Seele und Leib. Zweite Aufl. Leipzig 1913, Verlag Meiner. — 21. Casalis, G. A., Kapstadt, Lipektomie als Therapie der Fettsucht und Menstruationsstörung. Bericht über zwei Fälle. Journ. of Obst. u. Gyn. of the British Empire. 1912. Ref. Ztrlblatt f. Gyn. 1912, S. 1748. — 22. Cattani, Falsche Trächtigkeit bei einer Sau. La clinica veter. 1907, Nr. 16. Ref. Der Tierarzt. 46. Jahrgang. — 23. Chapmann, E. N., Amer. Med. Times, 1864. — 24. Charpentier, Un cas de procurse nerveuse. „Progrès méd." Paris 1906. — 24a. Ceni Carlo, Die endokrinen Faktoren der Mutterliebe und die psychische Feminierung von Männchen. Schweizer Arch. f. N. u. P. Bd. 21, S. 131—142. 1927. — 25. Cohn, Paul, Dr. med., Charlottenburg, Gemütserregungen und Krankheiten. Eine Studie über Wesen und Sitz der Gemütserregungen, ihre Beziehung zu Erkrankungen und über Wege zur Verhütung. Berlin W 1903, Vogel u. Kreienbrink. — 26. Cowern, E.W., Med. Council, Mai 1906. — 27. Craig, W. M., New York Med. Journ. 24 Oktober 1891. — 28. Cramer im Lehrbuch der Psychiatrie von Binswanger u. Siemerling. Petersburg 1908 (russische Übersetzung). — 29. Crichton-Browne, J., A case of delusional labor in a Woman of over fifty. British Med. Journ. 1871. — 30. Cunningham, J. L., Phantom tumors simulating pregnancy. Courir-Record of Med., 1891. — 31. Dalla Noce, L'arte obstetr. 1908. Nr. 24. — 32. Davis, Philadelph. med. Journ. 1901. March. 9. — 33. Dewson, Antointoxikationspsychosen. Jahresber. f. Neurol. u. Psychiatr. 1901/02. Bd. VI, S. 1135. — 34. Doederlein, Handbuch der Geburtshilfe. — 34a. Doerfler, Die eingebildete Schwangerschaft. Monatsschrift f. Geburtshilfe u. Gynäkologie. Bd. 68. — 35. Domrich, Die physischen Zustände, ihre organische Vermittlung und ihre Wirkung in Erzeugung körperlicher Krankheiten. 1849. — 36. Dubruel, Considérations sur la pseudogrossesse. Bordeaux 1896. — 37. Dufoix, Thèse de Montpellier, 1903. Ref. Ztrlblatt f. Gyn. 1903, S. 508. — 38. Earle, B. P., Aunt Polly's confinement. Amer. prakt. u. News, 1898. — 39. Ebeler, F., Köln, Zur Kriegsamenorrhoe. Ztrlblatt. f. Gyn. 1917. Nr. 28, S. 696. — 40. Eckstein, Emil, Teplitz-Schönau, Über erworbene Amenorrhoe. Ztrlblatt. f. Gyn. 1917, Nr. 14, S. 333. — 41. Ellis, A. W., Zit. nach †††[2]): Imaginary or phantom pregnancies. The Amer. Journ. of Urol. and Sexol. Bd. XV, Nr. 7 u. 8, 1919. — 42. Engström, Zit. nach Anttonen. — 43. Ercolani, Zit. nach Cattani. — 44. Falta, W., Wien, Die Erkrankungen der Blutdrüsen. Berlin 1913. — 45. Féré,

[1]) Die Literatur zitieren wir zum Teil nach Karl Loechel, Eingebildete Gravidität, In.-Dissert. Kiel 1914 und R. Hofstaeter, Über eingebildete Schwangerschaft, Berlin-Wien, Urban und Schwarzenberg, 1924. Auch führen wir unter anderem viele Arbeiten an, deren wir uns bei der Abfassung der Schrift bedient haben, obwohl sie nicht direkt von der eingebildeten Gravidität handeln, aber psychopathologisch an unser Thema anklingen und zu seiner Klärung und seinem psychopathologischen Verständnis beitragen.

[2]) Ein anonymer Autor, der durch drei Kreuze gezeichnet hat.

L'instinct sexual. S. 93—95. — 46. Fiedler, Bergedorf, Demonstration einer 18jähr. Pat., bei der infolge krimineller Uterusperforation 5,30 m Dünndarm reseziert werden. Geburtshilfl. Ges. zu Hamburg. Sitzung vom 28. XI. 1922. Ref. Ztrbl. f. Gyn. 1923, Nr. 4, S. 180. — 47. Findlay, G., Phantom pregnancy in a Woman aged fifty four. Journ. Ment. Sciences, 1900. — 48. Fischl, Fr., Das Abbauvermögen des Serums Gravider mit Chloasma uterinum gegenüber Nebenniere. (Refraktometrische Untersuchungen.) Dermat. Zeitschr. Bd. 38. H. 4. S. 209. 1923. — 49. Fraenkel, Ludwig, Breslau, Normale und pathologische Sexualphysiologie des Weibes. In Liepmanns Handbuch der gesamten Frauenheilkunde. Bd. III. S. 779 ff. Vogel. 1914. — 50. Fourier, Zit. nach Proudhon, P.-S., La Pornocratie. Paris 1875. — 51. Frazer, Totemsim and exogamy. Vol. IV. pag. 244. — 52. Freud, S., Totem und Tabu. Einige Übereinstimmungen im Seelenleben der Wilden und der Neurotiker. Internat. psychoanalyt. Verlag Leipzig, Wien, Zürich 1922. — 53. Freud, S., Drei Abhandlungen zur Sexualtheorie. Dritte, vermehrte Aufl. Leipzig u. Wien 1910, Franz Deuticke. — 54. Freud, S., Vorlesungen zur Einführung in die Psychoanalyse. Leipzig u. Wien 1916, Hugs, Heller u. Co., — 55. Freud, S., Das Ich und das Es. Internat. psychoanalyt. Verl. Leipzig, Wien, Zürich 1923. — 55a. Friedjung in Ergebnisse der inneren Medizin und Kinderheilkunde. 1923. — 56. Fritsch, Heinrich, Bonn, Fruchtabtreibung in Dittrichs Handbuch der ärztlichen Sachverständigentätigkeit. Bd. II. 1. u. 2. Lieferung. 1911. S. 95. — 57. Füth, H., Bonn 1915. Markus u. Weber. — 58. Fuller, H. R., A case of spurious labor T. obstetr. Soc. London 1886. — 59. Galant, S. Über hysterische Ideen. Psychiatrisch-neurologische Wochenschrift. 1924. — 60. Galant, S., Sexualleben im Säuglings- u. Kindesalter. Neurologisches Zentralblatt, 1919, Nr. 20.— 61. Galant, S., Algohallucinosis. Berlin 1920, Hirschwald. — 62. Gellhorn, E., u. Lewi, H., Archiv f. Anatomie u. Physiologie. Physiol. Abt. 1913. — 63. Giesecke, Aug., Kiel, Zur Kriegsamenorrhoe. Ztrbl. f. Gyn. 1917. Nr. 35. S. 866. — 64. Griffith, G., A case of physometra. Med. press. London 1910. — 65. Groddeck, Georg, Das Buch von Es. Psychoanalytische Briefe an eine Freundin. Internat. psychoanalyt. Verlag Leipzig, Wien, Zürich 1923. — 66. Guerdjikow, Manoeuvres abortives au cours de la grossesse extrautérine. Annales du Gynécologie. 1907. Vol IV. pag. 585. — 67. Guillebeau, Bern, Über paradoxe Geburtssymptome. Schweizer Archiv f. Tierheilkunde. 1911. Nr. 1. — 68. Halban, J., Wien, Zur Kasuistik der Uterusperforationen. Ztrbl. f. Gyn. 1912. S. 504. — 69. Hammer, Einiges über Tentamen abortus provocandi deficiente graviditate uterina, seine klinische und physiologische Bedeutung. Ztschr. f. Geb. u. Gyn. Bd. 75. S. 118. 1913. — 70. Hannes, Walter, Breslau, Kriegsamenorrhoe. D. med. W. 1917. Nr. 32. S. 1000. — 71. Heape, W., Journ. of physiology. Vol. 33. Proceed. of the physiol. Soc. 1905. — 72. Heil, K., Ein Fall von eingebildeter Schwangerschaft. Wiener klinische Rundschau. 1901. Nr. 45. S. 845. — 73. Henrich, Ein Jahr lang bestehende eingebildete Schwangerschaft. Straßburger med. Zeitung. Nr. 5. p. 97. — 74. Henry, La fausse grossesse. Paris 1904. — 75. Henz, W., Das Männerwochenbett. Sexualprobleme. Bd. V. S. 514. 1919. — 76. Hirsch, Berl. klin. Wochenschrift. 1912. Nr. 40. — 76a. Hirschmann-Wertheimer, Über wechselseitige Beziehungen von Menstruation und Psyche. Monatsschrift f. Psychiatr. u. Neur. Bd. 66, S. 215—245. 1927. — 77. Hodges, R., A case of hysteria simulating natural labour Transact. obstetr. Soc. of London 1860. — 78. Hofbauer, J., Die Ätiologie der Hyperemesis, sowie das Erbrechen der Graviden im allgemeinen. Ztrbl. f. Gyn. 1919. S. 933. — 79. Hofstaetter, R., Zur Behandlung der Amenorrhoe. Ztrbl. f. Gyn. 1912. Nr. 46. — 80. Hofstaetter, R., Unser Wissen über die sekundären Geschlechtscharaktere. Ztrbl. f. die Grenzgebiete der Med. u. Chir. 1912. Bd. 16. — 81. Hofstaetter, R., Über die Mucosa des amenorrhoischen Uterus (mit spezieller Berücksichtigung der Kriegsamenorrhoe). W. kl. W. 1918. Nr. 27. — 82. Hofstaetter, R., Zur hypophysären Therapie des Morbus Basedowi. Ztschr. f. Geb. u. Gyn. Bd. 80. 1918. — 83. Hofstaetter, R., Über die Rolle der Hypophyse beim Morbus Basedowi. Mitteil. a. d. Grenzgebieten d. Med. u. Chir. Bd. 31. 1918. — 84. Hofstaetter, R., Tentamen abortus provocandi deficiente graviditate. In Haberdas Beiträgen zur gerichtlichen Medizin. Bd. V. 1922. — 85. Hofstaetter, R., Über die eingebildete Schwangerschaft. Berlin 1924, Urban u. Schwarzenberg. — 85a. Hofstätter, in Handwörterbuch der Sex.-Wiss. 2. Aufl. 1926. — 86. Hohnberg, G., Fall von simulierter Schwangerschaft. Verhandl. der obst.-gyn. Sekt. d. Ges. Schwed. Ärzte. Hygiea 1917/18. Jahresbericht über die Fortschritte auf dem Gebiete der Geb. u. Gyn. 32. Jahrg. Bericht über das Jahr 1918. S. 236. — 86a. Holladay, Med. Age. Nr. 11. 1886. Ref. Ztrbl. f. Gyn. S. 55. 1887. — 87. Hunter, Q. W., Med. Age. 1905. — 88. Hutyra-Marek, Spezielle Pathologie u. Therapie. Zit. nach Raitsitz. — 89. Infrait, Ch., et Royole (Paris), Un cas de grossesse nerveuse. Examen radioscopique. Soc. anatomique de Paris. Séance de janvier 1920. Ref. Gyn. u. Obstétr. 1920. pag. 466. — 90. Jaschke, Krankheiten der Ovarien,

Tuben, Ligamente des Uterus und Beckenbindegewebe, Bauchfell. Leipzig 1921, G. Thieme in J. Schwalbe, Diagnostische u. therapeutische Irrtümer und deren Verhütung. Gyn. 3. H., — 91. Jaschke u. Pankow, Lehrbuch der Geburtshilfe. 2. u. 3. Aufl. S. 90. 1923. — 91a. Joulin, Traité complet d'avortement. p. 1125. Paris 1867. — 92. Joung, Edinb. med. Journ. 1873/74. — 93. Jung, Paul, Abortversuch bei fehlender Schwangerscha ftu. Tubargravidität. Ztrbl. f. Gyn. 1912. S. 1019. — 93a. Jung, Diagnostische Assoziationsstudien. Leipzig, J. A. Barth. — 93b. Jung, Über die Psychologie der Dementia praecox. 1907. — 93c. Jung, Kritik über Bleuler, Zur Theorie des schizophrenen Negativismus. Jahrbuch f. psychoanalytische u. psychopath. Forschungen. Bd. III. — 94. Kalledey Layos, Budapest, Schwangerschaft nach Akromegalie. Gyn. Sekt. d. Ärztl. Vereins in Budapest. 3. VI. 1913. Ref. Ztrbl. f. Gyn. 1913. Nr. 28. S. 1030. — 95. Kantorowicz, Richard, Zit nach W. Liepmann. — 96. Kehrer, Heidelberg, Scheinträchtigkeit und Geburt. Deutsche tierärztl. Wochenschrift. 1910. Nr. 5 und die Umschau. 1909. Nr. 8. — 97. Keller, Karl, Vergleichende Physiologie des Geschlechtslebens der Säugetiere. Vortrag in d. Ges. f. Geb. u. Gyn. vom 13. II. 1923. — 98. Keller, Karl, Einiges zur Eklampsie der Hündin. Wiener tierärztliche Monatsschrift. 1923. Nr. 8. — 99. Kermanner, Fritz, Gerichtliche Geburtshilfe. In Dittrichs Handbuch der ärztlichen Sachverständigentätigkeit. Wien 1911, Braumüller. Bd. VI. 1. u. 2. Lieferung. S. 184 ff. — 100. Klauber, Oskar, Tentamen abortus provocandi deficiente graviditatae uterinae. Ztrbl. f. Gyn. 1912. S. 325. — 100a. Klee, Ph., Deutsches Archiv f. klin. Medizin. Bd. 128. Nr. 3/4. — 101. Kleine, Beitrag zur Lehre von der senilen Hysterie. In.-Dissert. Kiel 1914. — 102. Knoop, C., Duisburg, Abtreibungsversuch bei Tubargravidität. Ztrbl. f. Gyn. 1912. S. 431. — 103. Kretschmer, E., Medizinische Psychologie. Thieme. 1923. — 104. Kretschmer, E., Körperbau und Charakter. Springer. 1922. — 105. Kretschmer, E., Über Hysterie. Leipzig 1923, Thieme. — 106. Kronfeld, Zit. nach Spinner. — 107. Krummacher, Eingebildete Schwangerschaft bei einer 48jähr. Mehrgebärenden. Ztrbl. f. Gyn. 1906. S. 1095. — 108. Lee, Robert, Lectures on the theory and practice of midwifery. 1842. — 109. Levi, Leopold, Insuffisance ovarienne et opothérapie surrénalinne. Compt. rend. de la Soc. de Biol. 1912. Vol. 73. II. pag. 604. — 110. Lewi, N., Siehe Gellhorn u. Lewi. — 111. Liepmann, Wilhelm, Handbuch Bd. III. 1914. — 112. Liepmann, W., Psychologie der Frau. Urban u. Schwarzenberg. 2. Aufl. 1922. — 113. Liepmann, W., Die eingebildete Schwangerschaft. Ein Paradigma für moderne psychogenetische Anschauungen in der Gynäkologie. Med. Klinik. 1923. S. 1095. — 113a. Liepmann, W., Zur Ätiologie der Metropathia uteri. M. med. W. Nr. 21. S. 671. 1924. — 114. Löchel, Karl, Eingebildete Gravidität. In.-Dissert. Kiel 1914. — 115. Lohmann, A., Über die Ursache des Geburtseintritts. Ztschr. f. angewandte Anatomie u. Konstitutionslehre. Bd. III. 1918. — 116. Mainzer, Ztrbl. f. Gyn. 1908. S. 925. — 116a. Mallik, P. D., A case of phantom tumor. Lancet. 1881. I. — 117. Mann, Fr., Verkennen der Schwangerschaft. Blätter f. gerichtliche Medizin. 1902. S. 120. — 118. Marandon de Montyel, Un cas de fausse grossesse par crainte de la maternité. Revue de l'hypnotisme et de psychologie. 1896/97. — 119. Marek, R., Zit. nach Falta. — 120. Mayer, Aug., Tübingen, Über Störungen von Menstruation und Schwangerschaft durch psychische Alterationen. Ztrbl. f. Gyn. 1917. Nr. 24. S. 569. — 121. Mayer, Aug., Über die „chirurgische Aera“ in der Gynäkologie und die gynäkologischen Grenzgebiete. Ztrbl. f. Gyn. 1922. Nr. 12. — 122. Meyer, Robert, Zur Lehre von der Ovulation und der damit in Beziehung stehenden pathologischen Vorgänge am Uterus. Ges. f. Geb. u. Gyn. in Berlin am 27. II. 1920. Ref. Mon. f. Geb. u. Gyn. 1920. Bd. 53. S. 404. — 123. Mitchel, S. Weir., Med. News, April 13. 1895. — 124. Montgommery, M. F., The signes et symptoms of pregnancy. Zit. nach the amer. Journ. of urol. and sexol. Bd. 15. S. 298 u. 346. 1919. — 125. Narich, A propos de trois cas de fausses grossesses chez des femmes obires. Le progrès méd. Nr. 27. p. 417. — 126. Nassauer, Eingebildete Schwangerschaft. Archiv f. Gyn. Bd. 82. 1907. — 127. Neumann, Zum Kapitel der eingebildeten Schwangerschaft. Friedrichs Blätter f. gerichtliche Medizin. 1910. Bd. 61. S. 124. Ref. Sexualprobleme, Ztschr. f. Sexualwissenschaft u. Sexualpolitik, von Dr. Marcuse. 7. Jahrg. 1911. S. 426. — 128. Nielsen, M., A case of imaginary extrauterine pregnancy. Acta gynekologica scandinavica. Vol. 2. Fasc. 2. p. 109. 1923. — 129. Olshausen in Veits Handbuch 1902. S. 125. — 130. Pajot, Zit. nach Spinner. — 131. Pankow, O., Düsseldorf, Die Bedeutung der psychogenen Kriegskomponente bei der Bewertung gynäkologischer Leiden. D. m. W. 1918. Nr. 13. S. 343. — 132. Peralto-Ramos, Zit. nach K. Boas. — 133. Pahl, M. S., Zur Kasuistik der eingebildeten Schwangerschaft. Petersburger med. Wochenschrift. 1901. Nr. 34. — 134. Pawell, J. G., The med. World. 1902. — 134a. Piutti, H., Ein Fall von Couvade. Allgemein. ärztl. Zeitschrift f. Psychotherapie u. psychische Hygiene. Herausgeg. von Rob. Sommer. Bd. I, Nr. 2, S. 104—106. 1928. — 135. Pohl, Ein Fall von eingebildeter Gravidität. Berl. klin. Wochenschrift.

38. 1901. — 136. Pailhas, Signes de grossesse nerveuse chez une hysterique. Archive d'anthropologie crim. Lyon. 1896. X. 379. — 137. Proudhon, P.-J., La pornocratie on les femmes dans les temps modernes. Paris 1875. Lacroix et Co. éditeurs. — 138. Purnell, J. H., An imaginary pregnancy. Mississipi. M. R. 1902. — 139. Raitsitz, Emil, Falsche Laktation (Pseudolaktation). Berliner tierärztliche Wochenschrift. 1913. Nr. 47. — 140. Rapin, O., Grossesse nerveuse suggestive. Semaine méd. 1901. Nr. 29. Deutsch von Freudenberg, Eingebildete Schwangerschaft in „Der Frauenarzt". 1902. S. 300. — 141. Redlich, A., Die Bedeutung der inneren Sekretion in der Physiologie u. Pathologie der weiblichen Geschlechtssphäre. Journ. f. Geb. u. Gyn. 1910. — 142. Redlich, A., Belgrad, Zur Frage der eingebildeten Schwangerschaft. Med. Rundschau (russisch) Nr. 6. S. 204. Juni 1924. — 143. Reik, Theodor, Probleme der Religionspsychologie. Internat. psychoanalyt. Bibliothek. Bd. 5. S. 13. — 144. Rezza, Gravidanza nervosa in donna afetta de fibroma uterino. Lucina. Bd. 191. H. 1. Ref. Monatsschr. f. Geb. u. Gyn. Bd. 42. S. 62. — 145. Rievel, Die Milch und ihre Absonderung (Ellenberger u. Scheunert, Lehrb. d. vergleichenden Physiol. der Haussäugetiere. 1910). — 146. Rosenberger, Franz, München, Zur Ätiologie der Amenorrhoe. Ztrbl. f. innere Med. 1911. Nr. 8. S. 193. — 147. Russel de Vars, Gazette de Santé. 1924. Zit. nach Montgommery. — 148. Schleich, Karl, Ludwig, Vom Schaltwerk der Gedanken. Neue Einsichten und Betrachtungen über die Seele. 1916. S. Fischer Verlag, Berlin. — 149. Schmid, H. H., Tentamen abortus provocandi deficiente graviditate. Ztrbl. f. Gyn. 1912. S. 1457. — 150. Schmidt, W., Sammlung zweifelhafter Schwangerschaften. Wien. — 151. Schroeder, Lehrbuch d. Geburtshilfe. — 152. Schroederus, M., Schwierigkeiten bei der Beurteilung der Schwangerschaft. Aus dem Finnischen Kätilölchti. 1920. H. 10 bis 12 u. Duodecim. Ref. Monatsschr. f. Geb. u. Gyn. Bd. 56. S. 76. — 153. Siemerling, Psychosen u. Neurosen in der Gravidität und ihre Anzeichen zur künstlichen Unterbrechung der Schwangerschaft. Berlin. Karger. 1917. — 154. Sigwart, W., Verhängnisvolle Folgen einer Fehldiagnose. (Forensisches zur Abortbehandlung.) Frauenkl. d. Hosp. z. Heil. Geist, Frankfurt a. M.). Ztrbl. f. Gyn. Jahrg. 6. Nr. 45. S. 1808. 1922. — 155. Simpson, Discase of Women. Edinburgh. 1872. — 156. Smith, W. S., Two cases of pseudo-pregnancy. Amer. Journ. of obstetr. 1902. Bd. 46. — 157. Snegirjów, W. F., Gebärmutterblutungen. Moskau 1910 (russisch). — 158. Graf Spee, Anatomie und Physiologie der Schwangerschaft im Lehrbuch der Geburtshilfe von A. Doederlein, München. 1915. I. Bd. S. 11. — 159. Spinner, J. R., Zürich, Studien zum Abortusproblem. I. Die Beseitigung von im Verbrechen erzeugten Früchten. Groß' Arch. Bd. 60. S. 307. — 160. Spinner, J. R., Periodenstörungsmittel. Ein Beitrag zur Kenntnis des kriminellen Kurpfuschertums. Groß' Arch. Bd. 54. S. 220. — 161. Spinner, J. R., Schweizerische Samariterzeitung „Das rote Kreuz". 1917. Nr. 7. — 162. Spinner, J. R., Ärztliches Recht. Berlin 1914. Springer. — 163. Spinner, R., Abtreibungshandlungen bei nichtschwangerem Uterus. Vierteljahrsschrift f. gerichtliche Medizin u. öffentliches Sanitätswesen. Bd. 58. 1919. — 164. Stekel, Wilhelm, Die Geschlechtskälte der Frau. 1920. — 165. Stekel, Wilhelm, Psychosexueller Infantilismus. Berlin-Wien 1922, Urban u. Schwarzenberg. — 166. Stoeckel, Lehrbuch der Geburtshilfe. — 167. Strassmann, P., Diskussion zu Bröse. Ges. f. Geb. u. Gyn. zu Berlin. 27. V. 1921. Ref. Ztrbl. f. Gyn. S. 1336. 1921. — 167a. Tait, Zit. nach Snegirjów, Die Gebärmutterblutungen. S. 751. Moskau 1900. — 168. Thurnwald, R., Über die Entstehungsursache des Männerkindbettes. Ethnopsychologische Studien an Südseevölkern. Leipzig 1913. — 169. Tichener, E. J., Obstetr. Gazette, Cincinatti 1879. — 170. Tissier, Prétendu violence et fausse grossesse. Soc. de méd. lég. Märzsitzung. Presse méd. 19. IV. 1917. Ref. Jahresbericht über die Fortschr. auf d. Gebiete der Geb. u. Gyn. über das Jahr 1917. S. 345. — 189. Turner, West. Ind. Mag. August 1861. — 171. Übele, Handlexikon der tierärztlichen Praxis. 1910. S. 615. — 172. Underhill, On a case of spurious pregnancy. Edinburgh med. Journ. March 1872. — 173. Vageler, Hysterie bei Tieren? Die Umschau. 1919. S. 36. — 174. Weber, E., Berlin 1910, Springer. Zit. nach W. Liepmann. — 175. Wedemeyer, Über Hundemilch. Berliner tierärztliche Wochenschr. 1906. Nr. 42. — 176. Weininger, O., Geschlecht und Charakter. Wiesbaden 1909. — 176a. Wiesner, B. P., Über Sexualzyklus, Brunst- u. Scheinschwangerschaft. Verhandlungen des I. internationalen Kongresses f. Sexualforschung. Berlin u. Köln. A. Marcus & E. Webers Verlag. 1928. — 177. v. Winkel, Allgemeine Gynäkologie. Wiesbaden 1909. — 177a. Graf Witte, Memoiren. Die Regierungszeit Nikolaus II. S. 381. Bd. I. Moskau 1923. — 178. Wulff, Hans, To Tilfaelde af graviditas spuria. Ugeskrift for Laeger. 1918. p. 547 bis 555. Kopenhagen. Zit. nach Jahresbericht über die Fortschritte auf d. Gebiete d. Geb. u. Gyn. 32. Jahrg., über 1918, S. 76. — 179. Zietzschmann, Bau und Funktion der Milchdrüse. W. Grimmer, Chemie und Physiologie der Milch. 1910. — 180. Zweifel, E., Krimineller Abortversuch bei nicht bestehender Schwangerschaft. D. med. W. Nr. 35. 1913.

Abhandlungen aus dem Gebiete der Sexualforschung (Fortsetz. von S. 2 des Umschlages).

Band IV (vollständig, geh. Rm. 11.—)

Heft 1: **Physiologische Ursachen geistiger Höchstleistungen bei Mann und Weib.** Von Dr. M. Vaerting. Einzelpreis Rm. 1.—, Vorzugspreis Rm. —.75

Heft 2: **Der menschliche Samen in der gerichtlichen Medizin.** Von Geh. Med.-Rat Prof. Dr. F. Straßmann. Mit 4 Abbildungen im Text. Einzelpreis Rm. 1.80, Vorzugspreis Rm. 1.35

Heft 3: **Homosexualisierung.** Von Dr. Max Rudolf Senf. Einzelpreis Rm. 3.60, Vorzugspreis Rm. 2.70

Heft 4: **Das Problem der ledigen Frau.** Von Prof. H. E. Timerding. Einzelpreis Rm. 2.20, Vorzugspreis Rm. 1.65

Heft 5: **Die Ausbildung der Geschlechtscharaktere und ihre Beziehung zu den Keimdrüsen.** Von Ralph Zucker†. Mit 3 Abbildungen im Text. Einzelpreis Rm. 5.—, Vorzugspreis Rm. 3.75

Heft 6: **Geschlechtsleben und Fortpflanzung der Eskimo.** Von Hans Fehlinger. Einzelpreis Rm. 2.—, Vorzugspreis Rm. 1.50

Band V

Heft 1: **Zur sexuellen Hygiene in Sowjet-Rußland.** Von Dr. Hans Haustein. Einzelpreis Rm. 2.—, Vorzugspreis Rm. 1.50

Heft 2: **Beiträge zur Frauenbiologie. (Die jüdischen rituellen Sexualvorschriften.)** Von Dr. med. S. Weißenberg. Einzelpreis Rm. 2.20, Vorzugspreis Rm. 1.65

Heft 3: **Sexualtyp und Kultur. (Elemente einer Darstellung der europäischen Kulturgeschichte auf der Grundlage der vergleichenden Psychologie der Geschlechter.)** Von Dr. E. Klimowsky. Einzelpreis Rm. 6.—, Vorzugspreis Rm. 4.50

Handwörterbuch der Sexualwissenschaft

Enzyklopädie der natur- und kulturwissenschaftlichen Sexualkunde des Menschen. Unter Mitarbeit erster Fachgenossen herausgegeben von Dr. MAX MARCUSE. Zweite, stark vermehrte Auflage. Mit 140 Abb. Quart. XII, 822 S. 1926. Rm. 42.—, geb. Rm. 45.—

Zeitschrift für Sexualwissenschaft und Sexualpolitik

Mitteilungsblatt der Internat. Gesellschaft für Sexualforschung. Unter ständiger Mitarbeit von zahlreichen Fachgelehrten herausgegeben von Dr. MAX MARCUSE. Bd. XV. Jahrg. 1928/29. Vierteljährl. Rm. 6.—

Verhandlungen des I. Internationalen Kongresses für Sexualforschung.

Berlin, vom 10. bis 16. Oktober 1926. Veranstaltet von der Internationalen Gesellschaft für Sexualforschung. Redigiert von M. MARCUSE. Gr.-Oktav. 1928.

Erster Band: **Experimentalforschung und Biologie.** Mit 89 Figuren im Text und 1 farbigen Tafel. III, 225 Seiten. Rm. 20.—

Zweiter Band: **Physiologie, Pathologie und Therapie.** Mit 61 Abbildungen und Figuren im Text. VI, 240 S. Rm. 20.—

Dritter Band: **Psychologie, Pädagogik, Ethik, Ästhetik, Religion.** IV, 215 S. Rm. 20.—

Vierter Band: **Demographie und Statistik, Sozial- und Rassenhygiene.** Mit 3 Kurven, 3 Tabellen und 9 Figuren im Text. IV, 230 Seiten. Rm. 20.—

Fünfter Band: **Straf- und Zivilrecht, Strafprozeß und Strafvollzug, Soziologie, Ethnologie und Folklore.** Mit 11 Figuren im Text. III, 183 Seiten. Rm. 20.—

Den Teilnehmern des Kongresses werden die Bände mit 25 Prozent Ermäßigung geliefert, wenn sie während des Kongresses subskribiert haben.

A. MARCUS & E. WEBER'S VERLAG, BERLIN W10, GENTHINER STRASSE 38

FSC
www.fsc.org
MIX
Papier | Fördert
gute Waldnutzung
FSC® C083411

Kolibri 360 GmbH
Ferdinand-Jühlke-Straße 7
99095 Erfurt, Deutschland
produktsicherheit@kolibri360.de